QUE SAIS-JE ?



# La pragmatique

FRANÇOISE ARMENGAUD

Ancienne élève de l'Ecole Normale Supérieure de Sèvres
Agrégée de l'Université
Maître de Conférences à l'Université de Paris X - Nanterre

*Troisième édition corrigée*

*16e mille*

## DU MÊME AUTEUR

*G. E. Moore et la genèse de la philosophie analytique,* Méridiens Klincksieck, 1985.

*Pierres de vie,* hommage à André Verdet (collectif), Galilée, 1986.

*Henri Baviéra, vers un mémorialisme de l'imaginaire,* Vence, Cité des Arts, 1986.

*Titres.* Entretiens avec Alechinsky, Appel, Arman, César, Collet, Corneille, Dolla, Hajdu, Hartung, Helman, Herold, Jenkins, Le Gac, Masson, Philippe, Pol Bury, Pons, Sosno, Soulages, Topor, Tullio, Verdet, Méridiens Klincksieck, 1988.

E. Lévinas (entretien avec) : *De l'oblitération,* La Différence, 1990.

*Bestiaire Cobra, une zoo-anthropologie picturale,* La Différence, 1992.

*Est-ce toi qui me parles*
*Est-ce moi qui te parle*
*Est-ce moi est-ce toi*
*Ou nos deux voix confondues*
*Dans le même rayon*
*Incassable*
*De la lentille céleste*

André Verdet

ISBN 2 13 043254 9

Dépôt légal — 1re édition : 1985
3e édition corrigée : 1993, novembre


108, boulevard Saint-Germain, 75006 Paris

# INTRODUCTION

La pragmatique est à la base de toute la linguistique.

Rudolf Carnap

La pragmatique? Une discipline jeune, foisonnante, aux frontières floues...

L'une des plus vivantes à la croisée des recherches en philosophie et en linguistique actuellement indissociables.

C'est d'abord une tentative pour répondre à des questions comme celles-ci : Que *faisons*-nous lorsque nous parlons ? Que *disons*-nous exactement lorsque nous parlons ? Pourquoi demandons-nous à notre voisin de table s'il *peut* nous passer l'aïoli, alors qu'il est manifeste et flagrant qu'il le *peut* ? *Qui* parle et *à qui* ? *Qui* parle et *avec qui* ? *Qui* parle et *pour qui* ? *Qui* crois-tu que je suis pour que tu me parles ainsi ? Qu'avons-nous besoin de savoir pour que telle ou telle phrase cesse d'être ambiguë ? Qu'est-ce qu'une promesse ? Comment peut-on avoir *dit* autre chose que ce que l'on *voulait dire* ? Peut-on se fier au sens littéral d'un propos ? Quels sont les usages du langage ? Dans quelle mesure la réalité humaine est-elle déterminée par sa capacité de langage ?

On trouve des considérations pragmatiques chez deux types de penseurs. En premier lieu chez ceux qui s'attachent à *la détermination de la vérité* des phrases et qui butent, s'agissant du langage de tous les jours et des phrases de ce que l'on appelle les « langues naturelles », sur des obstacles comme la présence d'un « je » ou d'un « tu » qu'il faut d'abord identifier pour déterminer le sens. Ils rencontrent comme un écran tout le rôle joué par le contexte d'échange des propos dans l'élaboration du contenu significatif. Ce sont à des degrés divers les logiciens philosophes : Frege, Russell, Carnap, Bar-Hillel, Quine. Ils abordent *la dimension pragmatique, c'est-à-dire la prise en compte des locuteurs et du contexte*, comme quelque chose qu'il convient de maîtriser, soit que la langue canonique de la science doive s'en écarter (Frege, Carnap), soit qu'il faille la résorber par élimination ou embrigadement (Russell, Quine), soit qu'il faille la traiter, parfois avec l'astuce d'un judoka (Montague, Gochet).

En second lieu, des réflexions voisines de la pragmatique apparaissent chez ceux qui depuis toujours se sont intéressés aux *effets du discours* sur les locuteurs-auditeurs : sociologues, psychothérapeutes, spécialistes de la rhétorique, praticiens de la communication, linguistes de l'analyse du discours : Perelman, Ducrot, Bourdieu, Kerbrat, Watzlawick *et al*... Ils sont fort proches généralement de l'une des sources de la pragmatique. La *maxime pragmatiste* de Peirce dit bien que la production triadique de la signification est orientée vers l'action, et que l'idée que nous nous faisons des choses n'est que la somme des effets que nous concevons comme possibles à partir de ces choses.

Il y a enfin une autre catégorie de théoriciens. Ceux qui d'emblée lient la signification d'un mot ou d'une phrase à son usage (Wittgenstein, Strawson). Qui ont fait du langage ordinaire leur jardin des délices pour de subtiles analyses (Austin, Searle). Ou qui voient dans la pragmatique l'instrument technique adéquat pour étayer le renouvellement d'une philosophie transcendantale de la communication (Apel, Habermas) ou de la relation interlocutive (Jacques). C'est pour ces derniers que la pragmatique est quelque chose de central et d'essentiel.

Mais la pragmatique elle-même, comment la définir ?

La plus ancienne définition est celle de Morris (1) en 1938 : *la pragmatique est cette partie de la sémiotique qui traite du rapport entre les signes et les usagers des signes.* Définition très vaste, qui déborde le domaine linguistique (vers la sémiotique) et le domaine humain (vers l'animal et la machine).

Une définition linguistique est donnée par Anne-Marie Diller et François Récanati (2) : *la pragmatique* « *étudie l'utilisation du langage dans le discours, et les marques spécifiques qui, dans la langue, attestent sa vocation discursive* ». Selon eux, comme la sémantique, la pragmatique s'occupe du sens. Elle s'en occupe pour certaines formes linguistiques telles que leur sens n'est déterminable que par leur utilisation.

Une définition intégrante apparaît sous la plume de Francis Jacques : « *la pragmatique aborde le langage comme phénomène à la fois discursif, communicatif et social* ». Le langage est conçu par elle comme un ensemble intersubjectif de signes dont l'usage est déterminé par des règles partagées. Elle concerne « *l'ensemble des conditions de possibilité du discours* ».

Comment le point de vue pragmatique est-il apparu ?

L'étude des signes et du langage au XX^e^ siècle s'est distribuée de la manière suivante :

— l'approche *sémantique* traite de la relation des signes, mots et phrases aux choses et aux états de

(1) Cf. infra, p. 30 à 41.

(2) Cf. le numéro spécial qui lui est consacré dans Langue française, Paris, Larousse, n° 42, mai 1979, p. 3.

choses ; c'est l'étude conjointe du sens, de la référence et de la vérité.

— l'approche *syntaxique* étudie les relations des signes entre eux, des mots dans la phrase ou des phrases dans les séquences de phrases ; on cherche à formuler des règles de bonne formation pour les expressions, et des règles de transformation des expressions en d'autres expressions ; le respect de ces règles est une condition pour que les fragments ainsi générés soient pourvus de sens, et, éventuellement, aptes à être doués d'une valeur de vérité (vrai ou faux).

Or ces deux approches, les premières constituées en disciplines rigoureuses, n'épuisent ni le problème du sens ni le problème de la vérité. Une troisième approche est nécessaire : pragmatique. Elle intervient pour étudier la relation des signes aux usagers des signes, des phrases aux locuteurs.

Les concepts les plus importants de la pragmatique ? Ce sont justement des concepts qui étaient jusqu'ici absents de la philosophie du langage et de la linguistique, délibérément négligés pour isoler d'autres aspects que l'on souhaitait d'abord étudier. Ces concepts sont :

1) Le concept d'**acte** : on s'avise que le langage ne sert pas seulement, ni d'abord, ni surtout, à représenter le monde, mais qu'il sert à accomplir des actions. Parler, c'est agir. En un sens obvie : c'est par exemple agir sur autrui. En un sens moins apparent mais tout aussi réel : c'est instaurer un sens, et c'est de toute façon faire « acte de parole ». Ce concept d'acte est orienté vers les concepts plus justes et plus englobants d'*interaction* et de *transaction*.

2) Le concept de **contexte** : on entend par là la situation concrète où des propos sont émis, ou proférés, le lieu, le temps, l'identité des locuteurs, etc., tout ce que l'on a besoin de savoir pour comprendre et évaluer ce qui est dit. On s'aperçoit combien le

contexte est indispensable lorsqu'on en est privé, par exemple lorsque des propos vous sont rapportés par un tiers, à l'état isolé ; ils deviennent en général ambigus, inappréciables. Inversement le langage scientifique mais aussi le langage juridique se sont toujours efforcés de faire passer dans leurs « propos » — qui sont le plus souvent des textes écrits — toutes les informations contextuelles nécessaires à la bonne compréhension de ce qui est formulé.

3) Le concept de **performance** : on entend par performance, conformément au sens originel du mot, l'accomplissement de l'acte en contexte, soit que s'y actualise la compétence des locuteurs, c'est-à-dire leur savoir et leur maîtrise des règles, soit qu'il faille intégrer l'exercice linguistique à une notion plus compréhensive telle que la *compétence communicative*.

Pour donner une idée de l'aspect novateur et même polémique de la pragmatique, on dira qu'elle remet en cause un certain nombre de principes sur lesquels reposait la recherche antérieure :

— la priorité de l'emploi descriptif et représentatif du langage ;
— la priorité du système et de la structure sur l'emploi ;
— la priorité de la compétence sur la performance ;
— la priorité de la langue sur la parole.

Dans cette mesure on comprend que la pragmatique, faisant appel de la décision épistémologique de Saussure d'écarter du champ linguistique la parole comme phénomène purement individuel, prenne la relève du point de vue structuraliste, tout comme elle prend la relève de la grammaire chomskienne qui a déçu les espoirs démesurés placés en elle (3).

(3) Cf. Blanche-Noëlle Grunig, Pièges et illusions de la pragmatique linguistique, *in* Modèles linguistiques, t. 1, fasc. 2, 1979.

Par contre la pragmatique prolonge une autre linguistique : la linguistique de l'énonciation inaugurée par Benveniste. La distinction majeure ne passe plus entre langue et parole, mais entre l'*énoncé*, entendu comme ce qui est dit, et l'*énonciation*, l'acte de dire. Cet acte de dire est aussi un acte de présence du locuteur. Et cet acte est marqué dans la langue : en instituant une catégorie de signes mobiles et un appareil formel de l'énonciation, le langage permet à chacun de se déclarer comme sujet. Est-ce suffisant ? On le verra au chapitre V.

La pragmatique n'a rien d'une discipline introvertie. Ses concepts s'exportent en plusieurs directions. Non seulement elle « fait éclater le cadre des écoles linguistiques traditionnelles », comme le souligne le linguiste grammairien Maurice Van Overbeke (4), mais elle intervient dans des questions classiques internes à la philosophie ; elle inspire des philosophies ; et elle est sans doute appelée à renouveler puissamment la théorie de la littérature.

Les questions philosophiques sur lesquelles la pragmatique jette sa lumière exigeante et neuve ? On en dénombre au moins six :

1) *La subjectivité*. Qu'est-ce qui change dans la conception du sujet quand on le considère avant tout comme locuteur et, mieux encore, comme interlocuteur, quand on l'approche non plus à partir de la pensée mais à partir de la communication (5) ?

2) *L'altérité*. La question dite « d'autrui » est saisie à partir de l'interlocution. L'autre est celui avec qui

(4) Maurice Van Overbeke, Pragmatique linguistique. Analyse de l'énonciation en linguistique moderne et contemporaine, *in* Le Langage en contexte, Amsterdam, Benjamins, 1980.

(5) La question est posée et traitée par F. Jacques, *in* Différence et subjectivité, Paris, Aubier-Montaigne, 1982.

je parle, ou ne parle pas. Avec qui je me situe dans une communauté de communication.

3) *Le « cogito » cartésien.* « Je pense » est toujours vrai chaque fois que je le prononce. Vrai d'une nécessité pragmatique. Sa contradictoire est pragmatiquement toujours fausse, absurde. Si je dis : « Je n'existe pas », le fait même de l'énonciation contredit le contenu de l'énoncé.

4) *La déduction transcendantale des catégories* chez Kant. Il s'agit d'établir la valeur objective des principaux types de synthèse de la pensée, dont l'usage objectif est réglé par des principes. Le point de vue pragmatique amène à prendre en considération non seulement l'aspect proprement « langagier » de cette déduction mais, de plus, l'aspect délibératif de la mise au point intersubjective de ce qui compte comme grandes questions au sujet du monde.

5) Cet aspect délibératif s'exprime de la façon la plus nette dans les grandes *controverses* qui jalonnent l'histoire des sciences (6).

6) Le thème pragmatique peut être mis au fondement même de la *logique*. La logique retrouve là ses sources grecques (7).

La pragmatique suscite donc de grandes espérances. Or qu'est-elle donc pour tant prétendre ? ne lui siérait-il pas avant toutes choses de balayer devant sa porte ?

Qui jette un coup d'œil sur l'état méthodologique de la discipline concevra de légitimes inquiétudes.

D'abord, faut-il dire *la* ou *les* pragmatiques ? Une discipline ? Ou un confluent de disciplines diverses ? Recherche en plein essor, la pragmatique n'est pas encore véritablement unifiée. Le consensus n'est pas

(6) Cf. F. Jacques, L'espace logique de l'interlocution, Paris, PUF, 1985.
(7) C'est l'entreprise de P. Lorenzen et de K. Lorenz, de l'Ecole d'Erlangen.

encore installé entre les chercheurs quant à sa délimitation, quant à ses hypothèses ni même quant à sa terminologie. On voit presque trop bien, par contre, à quel point elle constitue un riche carrefour interdisciplinaire pour linguistes, logiciens, sémioticiens, philosophes, psychologues et sociologues. Le régime de croisière est celui des rencontres et des dispersions.

1. **Des interprétations multiples.** — Certains, dans le mot pragmatique, entendent surtout « praxis ». La pragmatique devrait s'assigner pour tâche l'intégration du comportement langagier dans une théorie de l'action. D'autres la conçoivent comme concernant essentiellement la communication, voire toute espèce d'interaction entre les organismes vivants. Pour d'autres encore, elle doit traiter principalement de l'usage des signes. C'est l'optique d'un de ses fondateurs : Morris. Pour d'autres enfin elle est la science de l'usage linguistique en contexte, ou plus largement de l'usage des signes en contexte. Ce dernier concept est d'ailleurs si important que Max Black proposait de rebaptiser d'après lui la pragmatique : elle devrait s'appeler la « contextique » !

2. **Des genèses multiples.** — Dans la lignée Peirce-Morris-Carnap et Morris-Sebeok, et dans la lignée Mead-Morris et Mead-Bateson, la pragmatique apparaît comme l'une des composantes de la sémiotique et revêt un aspect essentiellement empirique et naturaliste. Par contre, à partir de Bar-Hillel, elle entre dans l'ère de la formalisation. La constitution d'une pragmatique logique et formelle est amorcée. Ce n'est pas tout. La pragmatique recueille l'héritage, cela fut dit, de la linguistique de l'énonciation. Et enfin, *last but not least*, elle a derrière elle l'ensemble des acquis du mouvement analytique en philosophie et,

de manière plus directe et plus apparente, l'analyse du langage ordinaire.

La pragmatique est née et a grandi de diversifications et d'unifications successives. Aujourd'hui encore son unité n'est pas assurée, et plusieurs voies sont en compétition ou mieux en débat constructif.

3. **Des domaines multiples.** — Il convient de reconnaître deux clivages principaux, qui n'ont guère de recoupements entre eux :

— premier clivage :
  — la pragmatique des *langues formelles*, et
  — la pragmatique des *langues naturelles* ;

— second clivage, entre
  *a)* une pragmatique des *modalités d'énonciation*, dont la création est jalonnée par les jeux de langage de Wittgenstein, le concept austinien de force illocutoire, le concept d'acte de langage chez Searle,
  *b)* une pragmatique des *modalités d'énoncé*, ou sémantique indicielle, élargie aux mondes possibles (Montague, Hintikka, Gochet).

Des tentatives d'unification sont en cours. Elles émanent de Stalnaker (articulation de trois théories : actes de langage, présuppositions, mondes possibles) (8), de Gazdar (9), de Jacques (10) (qui infléchit celles déjà réunies par Stalnaker et leur ajoute la théorie des jeux de stratégie). Searle et Vanderveken travaillent à une logique illocutionnaire dont l'ambition formelle et intégrative est considérable. L'élargissement de la théorie provient aussi de décisions

(8) Cf. infra, p. 44 à 46.
(9) Gerald Gazdar, Formal Pragmatics for Natural Languages, London et New York, Academic Press, 1978.
(10) F. Jacques, Dialogiques, Paris, PUF, 1979.

épistémologiques originales, comme celle de Jacques plaçant à l'origine de la signifiance la relation interlocutive elle-même. C'est alors que la pragmatique peut devenir *l'étude des rapports les plus généraux entre l'énoncé et l'interlocution.*

4. **De multiples controverses internes.** — Elles touchent au statut de la pragmatique, à sa cohérence, voire à son existence autonome. On peut répartir comme suit les termes de ces mises en question :

— *Hétérogène ou unifiée ?* La pragmatique est-elle un domaine hétérogène, un fourre-tout où l'on entreposerait les problèmes qui n'ont pu encore être traités en syntaxe ou en sémantique, essentiellement les problèmes d'usage linguistique ? Ou, compte tenu de ses réalisations, peut-on concevoir une pragmatique unifiée ? C'est le vœu de Stalnaker, Gazdar, Jacques, Parret, Gochet.

— *Intégrée ou autonome ?* Elle peut être intégrée de deux façons :

— soit réduite à la sémantique ; ainsi chez Katz (1972) la pragmatique se confond purement et simplement avec la théorie de la performance sémantique ;
— soit intégrée comme partie de la sémiotique tridimensionnelle, ce qui est conforme à son acte de naissance.

La question devient :

— *Intégrée ou intégrante ?* Si l'on parvient à décrire une véritable compétence pragmatique (à l'instar des compétences syntaxique et sémantique), l'on décrira aussi les conditions de possibilité de la communication. Et, si l'on cesse de concevoir la pragmatique comme un domaine empirique, elle n'a plus à craindre d'être résiduelle ou intégrée. Elle devient intégrante ou fondatrice. Alors que la pragmatique est chronologiquement la dernière-née des trois disciplines sémiotiques, ses thèses ne cessent de refluer sur celles de disciplines plus tôt mûries, dont l'autonomie peut paraître désormais fragile.

— *Conception minimaliste ou maximaliste ?* L'option minimaliste fait de la pragmatique une simple composante empirique, hétérogène, résiduelle. L'option maximaliste conçoit la pragmatique comme base intégrante de la théorie linguistique : une discipline en partie formelle, unifiée, fondatrice. Parmi les tenants de la position minimaliste, davantage de linguistes, de grammairiens, de sémanticiens, de « littéralistes ». Parmi les tenants de la position maximaliste, davantage de logiciens et de philosophes, pour la plupart des « contextualistes ».

La pragmatique a suffisamment prospéré pour être tentée d'oublier ses origines. Contre la mémoire courte, j'ai voulu rappeler ce qui était dû aux fondateurs : Peirce, Frege, Morris, Wittgenstein, Bar-Hillel. Contre la mémoire partielle, j'ai tenu à signaler ce qui était dû à l'initiative des philosophes logiciens qui ont ici comme ailleurs exercé une force de proposition considérable.

Sans présenter une théorie originale de la pragmatique ni tenter une difficile synthèse, le présent ouvrage voudrait offrir quelques repères utiles, de manière aussi large que possible. En montrant d'abord comment les concepts se sont formés dans les pays anglo-saxons. En donnant ensuite un aperçu de la mise en évidence de leur portée philosophique dans les pays continentaux.

Chapitre Premier

# GENÈSE DE L'APPROCHE PRAGMATIQUE

> ... Le douloureux mais fertile chaos qui caractérise l'état présent de notre discipline...
>
> Leo Apostel

Complexité des méandres par où se cherche une discipline naissante : l'histoire intellectuelle n'est pas beaucoup plus « rationnelle » que toute autre histoire. Elle est grandement — scandaleusement ? — tributaire de ces contingences que sont d'une part les traditions locales où la culture et la pensée ont leur milieu de vie, et d'autre part les génialités individuelles s'obstinant à faire croître du nouveau sous le soleil. Si la théorie raffinée des actes de langage due à un Searle s'est nourrie de tous les sucs de l'analyse oxonienne du langage ordinaire, sans la passion exclusive et toute singulière d'un Peirce pour le monde des signes, la pragmatique manquerait de ce souffle qui l'immensifie aux confins de l'horizon sémiotique.

Une idée directrice semble pourtant présider, sinon à la genèse, du moins à la *progression* de la discipline pragmatique. Un certain retour en arrière permet de voir qu'en fait l'approche pragmatique intervient de manière cohérente et datée dans l'histoire de la philosophie du langage et dans l'histoire de la philosophie en son ensemble.

Prenons en considération l'entreprise kantienne (1). Kant avait estimé que la logique telle qu'elle lui était parvenue, c'est-à-dire avec l'amplitude et la puissance de la syllogistique aristotélicienne, était achevée et parfaite. Moyennant quoi il avait proposé une logique transcendantale destinée à rendre compte des formes constituantes de la représentation et de la connaissance. La logique transcendantale est ce monumental effort pour dresser le tableau exhaustif et définitif des principaux éléments de la représentation. Le fil directeur est emprunté à la table des jugements traditionnels et lié aux premiers principes métaphysiques d'une science de la nature. Prenant en compte la physique de Newton, Kant a voulu donner une analytique des principes, quelque chose comme une axiomatique unique de toute théorie physique. C'est la synthèse *a priori* physique — notion capitale pour à la fois sortir de l'empirisme et préserver le progrès de la connaissance — que le sujet transcendantal assure par sa structure catégoriale. La synthèse *a priori* mathématique est assurée par la construction dans l'intuition pure de l'espace et du temps des concepts de la géométrie et de l'analyse. Les philosophes post-kantiens ont hérité de la tâche de réunir la théorie du concept et la théorie de l'intuition qui restaient disparates chez Kant. Ce fut l'objet des travaux de Cohen et de Natorp.

Le paysage changea avec l'apparition de la théorie des ensembles. Elle donnait en effet l'espoir de pouvoir fonder de manière unifiée toutes les mathématiques connues. Les rapports entre la logique et la connaissance s'en sont trouvés également transformés. C'est qu'on pouvait espérer fonder logiquement la théorie des ensembles elle-même. Qu'est-ce à dire ? Cela signifiait reconstruire les concepts arithmétiques, la théorie des nombres et de proche en proche toutes les mathématiques à l'aide de concepts purement logiques. On a appelé logicisme un tel programme, qui fut celui notamment de Frege et de Russell. L'une des conséquences en était un déplacement de la frontière entre l'analytique et le synthétique, comme en témoigne Frege dans ses *Grundlagen* (2). Tout pouvait se construire, en quelque sorte, à l'intérieur de l'analyticité. On n'avait donc plus l'usage d'une synthèse subjective *a priori*. Bien plus, on pouvait désormais songer à faire du langage directement la grandeur transcendantale. C'est cet espoir que Wittgenstein chercha à réaliser dans le *Tractatus*.

La logique mathématique, dont le mouvement logiciste prétendait qu'elle avait la puissance des ensembles, devait pouvoir

(1) Nous la retrouverons au chapitre V, guidant par ses exigences un certain nombre de philosophes pragmaticiens.

(2) Les fondements de l'arithmétique, traduits par Claude Imbert, Paris, Le Seuil, 1965.

fournir les formes des mathématiques. A savoir de l'analyse (reconstruction des nombres réels), de la géométrie (arithmétisation du continu). Mais aussi de la physique grâce à la mathématisation croissante de cette discipline. Les formes logiques pouvaient prétendre à l'isomorphisme avec les formes du réel. Telle est la conviction qui préside à l'élaboration du *Tractatus*. C'est l'aboutissement de ce qui avait pris son essor avec Frege. L'idée que l'on trouve dans la logique tout l'appareil formel de la connaissance, tandis que toute la matière doit en être recherchée dans l'expérience, cette idée est celle-là même qui s'est imposée aux positivistes logiques du Cercle de Vienne, notamment à Carnap. Mais sa mise en œuvre s'avéra délicate et se heurta à plusieurs difficultés.

1. **Les difficultés propres au logicisme.** — On connaît les paradoxes qui entachèrent la reconstruction russellienne et la solution que Russell leur apporta avec la théorie des types. On dut donc s'acheminer vers une hiérarchie de systèmes formels avec solutions de continuité. On dut renoncer au bel édifice logique dont Frege avait rêvé. Toutefois, la théorie des relations avait beau être irréductible à la théorie des prédicats monadiques, elle était définitivement dérobée à l'esthétique transcendantale. Elle échappait à l'intuition définie par Kant et réintégrait le plan logique. L'inutilité de l'esthétique transcendantale entraînait, dans sa chute, la distinction entre phénomène et noumène, qui perdait toute raison d'être. L'idéalisme transcendantal n'était plus nécessaire. Les instances transcendantales pouvaient être recherchées ailleurs. En dépit de l'échec du logicisme dans ses ambitions ultimes, les acquis de l'analyse demeurent.

2. **Attendre l'apparition d'une sémantique formelle.** — L'isomorphisme du *Tractatus* avait été imaginé pour le calcul propositionnel. La théorie de la proposition comme tableau (théorie du *Bild*) était liée à la théorie des fonctions de vérité. En ce sens Wittgenstein, qui s'intéressait peu à la quantification, était plutôt réductionniste, ou restrictif. Au contraire, dès qu'on se donne tout le registre des systèmes formels, le rapport entre le système formel et son interprétation dans le réel fait l'objet d'une étude, qui n'est autre que la théorie des modèles. C'est elle qui constitue l'essentiel de la sémantique formelle. On voit donc apparaître à côté de la syntaxe logique une sémantique purement logique. Elaborée par Tarski, elle aura des applications importantes dans la logique modale, puis dans les logiques épistémique et déontique (Hintikka, Cresswell).

3. **Ouvrir la voie à une pragmatique formelle.** — L' « enrégimentement » de la langue naturelle dans les formes canoniques de la logique ne posait guère de problèmes, sinon de détail, à la première génération des logiciens philosophes. Mais en 1950 avec le fameux article de Strawson, « On referring », et même quelques années auparavant avec Bar-Hillel, on s'avisa de ce que les conditions de vérité des phrases — c'est-à-dire ce qui, dans l'hypothèse véri-conditionnaliste héritée de Frege, constitue leur sens — ces conditions de vérité sont tributaires du contexte de profération des phrases. L'estimation de la valeur de vérité des phrases est « sensible au contexte » *(context-sensitive)*. Il s'agit, on le verra, des phrases contenant des expressions dont la référence varie avec les conditions de profération. C'est ainsi que se développa la pragmatique, tout au moins la lignée formelle de la pragmatique. Il fallait en effet compléter la logique pour tenir compte de ces faits. La question pouvait être posée ainsi : tout comme la discipline logique avait progressé en distinguant la syntaxe logique et la sémantique logique, ne devait-on pas constituer une pragmatique logique ou pragmatique formelle ?

*Quel est alors l'objet de la pragmatique formelle ?* Son objet serait de *traiter des rapports les plus généraux entre l'énoncé et l'énonciation, entre les phrases et leurs contextes.*

Cette idée directrice d'une indispensable pragmatique formelle qui se développe dans la foulée de la syntaxe et de la sémantique formelle ne doit pas faire oublier les sources plus proprement sémiotiques, qui passent par Peirce et par Morris. Le tableau des pages 120 et 121 montre les différents courants dont les confluences se montrent fécondes. C'est à partir des années 70 que les deux courants de la pragmatique formelle et de l'analyse du langage ordinaire se joignent véritablement : les pionniers du « remembrement » sont Stalnaker et Hansson. Ils sont relayés par des chercheurs comme Gazdar, Parret, Jacques.

La suite de ce chapitre présente en premier lieu les fondateurs de la pragmatique. Fondateurs directs : Peirce et Morris. Fondateurs indirects : Frege et Wittgenstein. Fondateurs relais : Carnap, puis Bar-Hillel.

## I. — Fondation de la sémiotique par Charles Sanders Peirce (3)

L'homme pense par signes. La seule pensée que nous connaissons est la pensée par signes ; elle existe nécessairement *dans* les signes ; mieux, elle *est* signe. Selon Peirce, « il est erroné de dire simplement qu'un bon langage est nécessaire pour bien penser, car il est l'essence même de la pensée ». Or il n'y a pas de signe en soi, et par nature, mais toute chose, et tout aspect d'une chose peut devenir signe. Devenir signe, c'est-à-dire entrer dans le processus triadique de la *semiosis*. En ce sens la sémiotique n'est pas la science des signes, mais la science de la *semiosis*. Une des propriétés du signe est de toujours renvoyer à un autre signe. Ainsi la pensée est-elle elle-même un signe, qui renvoie à une autre pensée, laquelle est son signe interprétant. Ce dernier renvoie encore à une autre pensée qui l'interprète, en un processus continu et indéfini. L'homme lui-même est un signe. Quand nous pensons, nous sommes signes. A la limite, la possession d'un corps n'est qu'une partie de la qualité matérielle de l'homme-signe.

La sémiotique de Peirce est loin d'être une discipline empirique. Ses fondements sont réflexifs et philosophiques. La triadicité de la *semiosis* est appuyée sur une théorie des catégories empruntée à Kant et à Hegel. Ces emprunts n'empêchent d'ailleurs pas Peirce de créer sa propre philosophie, le *pragmatisme*, ni de forger sa propre terminologie, avec force néologismes qui obscurcissent parfois son exposé.

On sera particulièrement attentif à la définition triadique de ce qui, entrant dans le processus de la *semiosis*, devient alors signe. Il convient de distinguer : *a)* le matériel signifiant : support, véhicule, trait

(3) Gérard Deledalle a sélectionné les principaux de ses textes pour les traduire et les commenter *in* C. S. Peirce, Ecrits sur le signe, Paris, Le Seuil, 1978. La présente citation se trouve p. 121.

perceptible et pertinent ; *b)* le signifié ou le représenté ; *c)* l'interprétant. La théorie de l'interprétant doit être explicitée : en effet l'interprétant n'est pas identique à l'interprète, lequel est un individu empirique. L'interprétant, selon Peirce, est un élément constitutif du signe lui-même. En voici la définition complète :

« Un signe ou *representamen* est quelque chose qui tient lieu pour quelqu'un de quelque chose sous quelque rapport ou à quelque titre. Il s'adresse à quelqu'un, *i.e.* il crée dans l'esprit de cette personne un signe équivalent... le signe qu'il crée, je l'appelle *l'interprétant* du premier signe. »

Par la suite Morris, Carnap et ceux qui s'inspireront de Peirce effaceront plus ou moins la distinction entre interprétant et interprète, et cette négligence, ou ce contresens, seront lourds de conséquences. L'héritage de Peirce se trouvera en effet versé au compte de l'empirisme.

Il n'en demeure pas moins que Peirce est celui qui a fait de la vie des signes et de l'échange des signes le milieu de la vie de l'esprit, et de la sémiotique l'englobant de la linguistique. A partir de lui le langage sera compris sous le paradigme de la communicabilité, le sens sera fonction de l'usage. Wittgenstein s'en souviendra, de même que Cassirer établissant dans les formes symboliques les fondements de la vie culturelle.

On doit à Peirce deux distinctions importantes pour l'analyse du langage en général et pour l'analyse pragmatique en particulier : la distinction entre une expression considérée comme *type* et les *occurrences* de cette expression, et la distinction entre le signe-*index*, le signe-*symbole* et le signe-*icône*.

1. **La distinction entre occurrence et type.** — Prenons les vers célèbres de la *Bérénice* de Racine :

Dans un mois, dans un an, comment souffrirons-nous
Que le jour recommence et que le jour finisse...

Le mot « jour » apparaît deux fois ; nous avons, si nous lisons, deux *inscriptions* matérielles, ou si nous sommes auditeurs, deux *proférations* vocales distinctes du même mot. Ce sont ces apparitions concrètes, datées et localisées, d'un signe, que Peirce appelle les occurrences de ce signe. Le mot occurrence est celui classiquement retenu pour traduire le terme anglo-américain original de « *token* ». Ce qui est susceptible d'avoir des occurrences multiples, c'est le mot comme *type*, entité idéale, toujours identique à lui-même à travers ses réalisations diverses. Lorsque l'on parle d'un mot, il est utile de préciser si l'on entend le mot comme type, ou si l'on parle de telle ou telle occurrence de ce mot dans tel texte ou dans telle occasion. Cette distinction s'applique à tous les signes en général : lettres, mots, phrases. Quand on parle du sens littéral d'une phrase, c'est qu'on isole la phrase comme phrase type, indépendamment de toute occurrence dans un discours ; le sens n'est alors fonction que des seuls mots composants et de leur enchaînement syntaxique ; peu importe *qui* prononce la phrase, en quelles circonstances, et pour dire quoi. Si l'on tient compte de l'identité du locuteur, de son intention, et de la situation, on voit que le sens est modifié, précisé, enrichi. On dépasse le sens littéral vers un sens plus complet qui rend possible la détermination de la vérité. Pour l'énoncé d'une loi universelle comme : « L'eau bout à cent degrés », peu importe qui profère cela, où et quand. Elle est vraie, pour toutes ses occurrences. Une phrase comme : « Je suis debout », est vraie pour certaines de ses occurrences et fausse pour d'autres. La distinction type/occurrence *(type/token)* est un instrument d'analyse indispensable aussi bien pour la détermination du sens que de la vérité. *La pragmatique s'intéresse spécifiquement à tout ce qui est fonction de l'occurrence d'un signe.*

2. **La distinction entre signe-symbole, signe-index, et signe-icône.** — Un signe est un *symbole* si ce qu'il représente lui est associé par convention. C'est le cas des signes du langage et des codes culturels en général. Plus exactement, la convention associe au signe comme type un signifié, et chaque occurrence du signe actualise cette association. Le symbole selon Peirce recouvre l'arbitraire saussurien du signe. Un signe est un *index* si chacune de ses occurrences est liée existentiellement à ce dont il est l'indice ; le signe et ce à quoi il renvoie font partie d'une même situation existentielle, comme la fumée et le feu, le symptôme et la maladie, la trace et le passage. On ne peut parler ici de signe type ; dans l'ordre existentiel, seules comptent les occurrences ; mais on peut dégager des lois de corrélations indicielles. Enfin le signe-*icône* partage, avec ce dont il est le signe, quelques propriétés, mais pas toutes. L'exemple le plus simple de signe iconique est fourni par les maquettes ou les plans des architectes. La tripartition symbole/index/icône a une valeur sémiotique générale. Toutefois la mise en évidence d'un signe indexical a une application linguistique : la référence de mots comme « je » ou « ici », se détermine compte tenu de leur contexte existentiel de profération. Toute une partie de la pragmatique les étudie en tant que symboles indexicaux.

## II. — **Fondation de la sémantique par Gottlob Frege** (4)

Dans son souci premier de rendre plus rigoureuses les démonstrations des mathématiciens, Frege fut

(4) Frege a été traduit en français et commenté par Cl. Imbert, Les fondements de l'arithmétique, et Ecrits logiques et philosophiques, Paris, Le Seuil, 1971. La Revue internationale de Philosophie lui a consacré un numéro spécial en 1979, où l'article de F. Jacques, L'idéographie, un langage libéré des contraintes de l'interlocution, intéresse spécialement notre propos.

amené à dissocier plus nettement que personne avant lui la langue scientifique, pour laquelle seul importe ce qui concourt à la détermination de la vérité, et la langue ordinaire, pour laquelle importe surtout la réussite de la communication. La première se doit d'être univoque. La seconde a besoin de l'équivocité pour fonctionner ; elle est riche, vague et ambiguë. La première marque avec précision et nudité ses articulations logiques. La seconde les laisse floues et surdéterminées. La langue scientifique vise à se rendre indépendante des rapports d'interlocution ; elle aspire à l'impersonnel. La langue ordinaire est soumise aux contraintes de l'interlocution, tributaire du désir de convaincre, d'émouvoir ou d'intéresser, régie par les lois de la rhétorique et de l'affectivité. La mise à l'écart par Frege des contraintes qui pèsent sur la langue du fait de son usage communicatif quotidien est aussi, *ipso facto* et *a contrario*, la mise en évidence systématique de ses contraintes et la révélation de leur portée.

Il y a ainsi toute une partie du sens dont Frege ne s'occupe pas dans la mesure où elle n'entre pas en jeu dans la détermination du vrai et du faux. C'est le sens dit *émotif*, par opposition au sens dit *cognitif* (terminologie de Ogden et Richards). C'est ce que l'énoncé exprime du sentiment, l'emphase mise sur tel ou tel élément, ce que Frege appelle la « coloration » de la pensée. C'est aussi le style. Mais ce n'est pas que cela. Des distinctions comme celles de l'actif ou du passif, du sujet et du prédicat, sont réputées par Frege non pertinentes eu égard à la vérité et à la fausseté. Dire que « Les Athéniens ont battu les Perses à Salamine », ou que « Les Perses ont été battus par les Athéniens à Salamine », est rigoureusement équivalent du point de vue de la vérité historique. C'est seulement eu égard à l'attention que l'on veut éveiller chez l'auditeur que l'on préfère l'une ou l'autre des formulations. Par contre l'analyse psycholinguistique contemporaine notera que le « *topic* » et le « *comment* » s'échangent bel et bien.

Les deux clivages effectués par Frege, entre langue scientifique et langue de communication, d'une part, entre aspects déterminant pour la vérité et aspects non déterminants, d'autre part, sont des partages de pionnier : indispensables en leur temps et féconds, ils furent récusés par les disciples les meilleurs, c'est-à-dire les plus créatifs. Pour le premier on montrera que la langue ordinaire est susceptible d'un traitement rigoureux, et notamment qu'on peut dégager des conditions générales de communicabilité. Pour le second, le lecteur verra comment c'est l'exigence même de détermination de la vérité qui oblige à l'introduction de considérations pragmatiques qui rejoignent celles écartées par Frege.

Mais avant d'en arriver là il faut noter les apports décisifs de Frege à la sémantique.

Frege a introduit dans la sémantique une distinction capitale : la distinction entre sens *(Sinn)* et référence *(Bedeutung)* (5). La référence, c'est l'objet même dont on parle au moyen d'une expression linguistique. La référence est quelque chose d'extralinguistique. Ce n'est rien moins que le monde extérieur, auquel ultimement touche le langage. Une dimension trop souvent oubliée des linguistes, immanentistes par principe et sensibles par vocation au fonctionnement interne et autonome du langage, et qui voguent du monde des signes au monde des significations. Une dimension qui a retenu davantage

(5) La question de la référence a été un puissant moteur pour l'analyse logico-philosophique du XXe siècle. F. Jacques en a évalué les fils conducteurs et retracé les étapes, depuis le Russell de « On denoting » jusqu'au Strawson de « Referring » et jusqu'au renouvellement de Donnellan et Kripke, dans sa thèse intitulée Référence et description, soutenue en 1975. Ses Dialogiques ont montré ensuite (1979) sur le modèle du « dialogue référentiel », qu'on ne fait référence qu'en contexte et dans un rapport interlocutif : « Toute référence est en droit une co-référence. » Le traitement de la référence relève désormais pour partie de la pragmatique.

l'attention des logiciens et des philosophes du langage, précisément à la suite de Frege. Toute expression analogue à un nom propre a, pour Frege, un sens et une référence ; le sens n'est autre que le mode de donation de la référence ; à des expressions distinctes sont attachés des sens distincts, mais la référence peut être la même. Exemple devenu classique : « l'étoile du soir » et « l'étoile du matin » ont même référence (à savoir Vénus) et des sens différents ; l'affirmation de l'unicité de référence fut en son temps une découverte de l'astronomie et non une trivialité. Déterminer la référence d'une expression requiert souvent des considérations extra-littérales ou extra-linguistiques.

Frege a encore eu une influence déterminante sur le développement de la sémantique par deux principes. Le premier peut être appelé *l'assomption de contextualité* (au sens du contexte linguistique exclusivement). Selon ce principe, le sens des mots doit être appréhendé à partir du sens des phrases où ils figurent. Il faut situer le mot dans son contexte d'usage dans la phrase. Le second peut être appelé *l'assomption de véríconditionnalité*. Le sens des phrases repose sur la notion de conditions de vérité. Saisir le sens d'une phrase, c'est savoir les conditions qui doivent être remplies pour qu'elle soit vraie. Spécifier le sens d'une phrase comme « La neige est blanche », c'est spécifier ce qui doit être le cas pour qu'elle soit vraie. La sémantique est concernée par le sens dans ses rapports avec la vérité. Le sens de la phrase « La neige est blanche », c'est l'état de choses qu'elle dépeint, qui, s'il est réel, rend la phrase vraie. Ces deux assomptions seront reprises ultérieurement. La première par Wittgenstein dans le *Tractatus* ; elle sera ensuite modifiée par Katz (selon sa « sémantique compositionnelle », le sens d'une phrase est fonction du sens des mots dont elle se compose). La seconde a permis la critique des expressions pseudo-dénotatives, *i.e.* dépourvues de référent. C'est en l'appliquant que Russell a pu déterminer le sens de la phrase « L'auteur de Waverley est écossais » : il s'est demandé à quelles conditions elle était vraie, puis il s'est demandé quelle contribution au sens de cette phrase apportait l'expression « l'auteur de Waverley ». Le jeu de ces deux principes est à l'origine de la théorie des descriptions :

— détermination du sens de la phrase ;
— détermination de la contribution de l'expression envisagée au sens de la phrase.

Cela a permis la critique des expressions fallacieuses et l'élimination des entités fictives indésirables, ainsi que la mise en question, par les positivistes du Cercle de Vienne, des énoncés métaphysiques.

### III. — **Mise en place du paradigme de la communicabilité par Ludwig Wittgenstein**

On sait que plusieurs différences importantes séparent les premiers travaux de Wittgenstein, qui ont abouti en 1918 au *Tractatus logico-philosophicus* et ses recherches ultérieures présentées quelques années plus tard dans les *Investigations philosophiques*. Le *Tractatus* prend en considération la fonction représentative du langage et n'admet que les énoncés susceptibles d'être vrais ou faux, c'est-à-dire d'entrer dans le cadre de la logique propositionnelle. C'est le langage de la science qui importe. L'évolution de Wittgenstein l'amène ensuite à découvrir le caractère central de la notion d'usage, en même temps que la richesse et la diversité des usages concrets. Voilà pourquoi on s'accorde à voir dans le « second » Wittgenstein, c'est-à-dire dans l'auteur des *Investigations*, un des promoteurs de la philosophie du langage ordinaire (6). Son

(6) Cf. Jacques Bouveresse, Le mythe de l'intériorité, Paris, Minuit, 1976, et Wittgenstein, la rime et la raison, Paris, Minuit, 1973. Cf. également

influence, jointe à celle de Moore, a grandement contribué à accréditer les recherches menées par Austin et un peu plus tard par Searle.

Que trouve-t-on chez Wittgenstein, entendons, chez le « second » Wittgenstein ?

Tout d'abord une critique assez définitive de la théorie subjectiviste et mentaliste de la signification. L'idée que la pensée serait quelque chose d'intérieur au sujet, qu'il faudrait traduire en mots pour l'extérioriser, cette idée si commune et répandue, paraît aberrante à Wittgenstein. Deux points doivent être soulignés : 1) il n'y a pas d'une part la pensée et d'autre part le langage : indissociables, ils se génèrent simultanément ; 2) il n'y a pas non plus de langage propre à l'individu, de « langage privé », ensuite traduit en langage public : le langage est constitutivement public. Parler, c'est suivre des règles, et suivre une règle n'est possible que comme activité publiquement contrôlée, dans l'exercice de la communication.

Wittgenstein est donc celui qui substitue au paradigme de l'expressivité le paradigme de la communicabilité.

Il est ensuite celui qui, en accord avec Frege, mais en élargissant le plan envisagé, met l'accent sur l'importance de l'*usage* ; il écrit en effet :

« Qu'est-ce qui donne la vie au signe ? C'est dans l'utilisation qu'il vit. A-t-il le souffle vivant en lui ? Ou l'utilisation est-elle son souffle ? » Il ne s'agit plus seulement de l'usage du mot dans la phrase, mais de l'usage des phrases dans des situations concrètes : des situations d'action. Les messages acquièrent leur sens et leur force dans des unités transphrastiques (des macro-unités), non dissociées de la situation

l'introduction de Gilles-Gaston Granger, Wittgenstein, Paris, Seghers, 1968. — Sur la vie romanesque et peu académique de Wittgenstein, voir la biographie par von Wright, au début de l'ouvrage posthume de Wittgenstein, De la certitude, Paris, Gallimard, 1965.

d'emploi. Le point de vue pris ici est pragmatique au sens large du terme : comme lié à l'action, à un cadre actif non verbal, à des finalités pratiques. Telle est la suggestion de Wittgenstein : « Pose-toi la question : à quelle occasion, dans quel but disons-nous cela ? Quelles façons d'agir accompagnent ces mots... Dans quelles scènes sont-ils utilisés et pourquoi ? » La visée première du langage n'est pas une visée de compréhension ou de représentation, mais l'exercice d'une influence effective des uns sur les autres : « Ne pas dire : sans langue nous ne pourrions pas nous comprendre les uns les autres. Mais bien plutôt : sans langue nous ne pourrions pas influencer les autres de telle ou telle façon. »

L'expression choisie par Wittgenstein pour désigner cet environnement complexe où les messages prennent sens est celle de « jeu de langage » *(Sprachspiel, language game)*. Un jeu est essentiellement une activité réglée et partagée. C'est aussi une « forme de vie ». Wittgenstein s'en explique dans un des paragraphes les plus fameux des *Investigations* (§ 23) :

> « Le mot *jeu de langage* doit faire ressortir ici que parler une langue est partie d'une activité, d'une façon de vivre. Représente-toi la variété des jeux de langage à l'aide de ces exemples et d'autres encore : — ordonner ou agir selon des ordres ; — décrire un objet en fonction de son apparence ou de mesures ; — fabriquer un objet d'après une description ; ... ; — faire une hypothèse et la mettre à l'épreuve ; — représenter par des tableaux et des diagrammes les résultats d'une expérience ; — inventer une histoire ; — faire du théâtre ; — chanter des rondes ; — deviner des énigmes ; — demander ; — remercier ; — maudire ; — saluer ; — dire une prière. »

Il convient, devant ces exemples, d'être attentif à l'avertissement de Wittgenstein. Plus exactement au double avertissement de Wittgenstein. En premier lieu cette liste est en droit illimitée. On ne peut répondre à la question : « qu'est-ce qu'un jeu de langage ? » par *aucune liste close* d'exemples. Les jeux de langage sont aussi foisonnants que les formes de vie et aussi proliférants que l'inventivité humaine. En second lieu il y a bien une « explication » de ce que sont les jeux de langage ; il est notamment judicieux d'insister à leur propos sur l'importance de la règle qui les organise et qui doit être suivie pour qu'il y ait effectivement « jeu ». Mais il n'y a *pas de concept* de jeu de langage. Les divers jeux de langage ne possèdent rien en commun qui puisse constituer une « essence ». Ils n'ont entre eux que des « ressemblances de famille » (7). Il y a là une sorte d' « interdit » wittgensteinien, jeté sur la théorie, et c'est bien ainsi que l'ont compris ceux qui étaient les plus proches, et qui ont dû transgresser cet interdit pour bâtir leur propre théorie et sortir de la simple description seule autorisée par Wittgenstein. A ce propos il n'est pas sans intérêt d'examiner quelques réactions critiques de la part de penseurs très proches de Wittgenstein. L'une de ces critiques émane de John Searle, l'autre de Francis Jacques.

Le premier reproche à Wittgenstein d'être insuffisamment théorique. Contre la conclusion « sceptique » du paragraphe 23 des *Investigations* Searle affirme les droits du théoricien à établir une taxinomie des jeux de langage et, *a fortiori*, des actes de langage (8). Searle écrit :

« Il n'y a pas un nombre infini ou indéfini de jeux de langage ou d'usages du langage. Mais l'illusion du caractère illimité des usages du langage est engendrée par une énorme confusion tou-

(7) C'est-à-dire des ressemblances telles que A ressemble à B en vertu de la possession commune d'une qualité Q1, B à C en vertu de Q2, mais si A ne possède pas Q2 et C ne possède pas Q1, alors on ne peut conclure que A ressemble à C. La relation de ressemblance n'est pas transitive et ne permet pas la partition d'un ensemble en sous-ensembles disjoints.

(8) Comme le note très justement F. Récanati, les jeux de langage de Wittgenstein ont quelque chose de beaucoup plus large que ce qui, en un sens, en est issu, l'acte illocutionnaire d'Austin, l'acte de langage de Searle. Cf. Les énoncés performatifs, Paris, Minuit, 1981, p. 177.

chant les critères d'identification et de délimitation des usages du langage » (9).

Le second reproche à Wittgenstein d'être insuffisamment pragmatique ou peut-être insuffisamment « dialogique » :

« Le caractère fondamental de la pratique interdiscursive a été révélé par Wittgenstein qui remit en cause le paradigme traditionnel de l'expressivité. Mais ces jeux de langage sont d'emblée publics, dénués d'historicité, leur notion reste largement problématique. Et surtout ils neutralisent curieusement l'interaction verbale dans la genèse du sens » (10).

## IV. — La pragmatique dans une sémiotique tripartite. L'apport de Charles William Morris

Comme Frege, Morris s'intéressa très tôt au rôle de la notation symbolique dans les sciences. Comme Peirce, il se passionna pour la vie des signes dans leur ensemble. S'inspirant des travaux de Peirce et les systématisant, son propos fut de fonder une théorie générale des signes, de portée aussi bien anthropologique que philosophique.

1. **La sémiotique et la science.** — A la pluralité des approches à l'égard des signes et de leur fonctionnement : linguistique, logique, psychologie, biologie, anthropologie, esthétique, sociologie, éthologie, rhétorique, Morris oppose son ambition de forger une structure théorique simple et unifiante.

Or la sémiotique a une double relation aux sciences : elle est science parmi les sciences, et elle est instrument pour les sciences. Comme science, la sémiotique représente une étape vers l'unification des sciences. Elle fournit un fondement pour les sciences humaines spécialisées dans tel ou tel type de signes. Mais Morris va plus loin : les objets étudiés par la biologie et les sciences

(9) J. R. Searle, Expression and Meaning, Cambridge University Press, 1979, p. 29.

(10) F. Jacques, La mise en communauté de l'énonciation *in* Langages ; « La mise en discours » num. spécial composé par Hermann Parret, juin 1983, n° 70, Paris, Larousse, p. 47-71.

physiques peuvent être considérés comme des signes associés de manière complexe. D'où le vaste projet d'unification des sciences physiques et humaines sous l'égide d'une théorie générale des signes. Morris nourrit pour la sémiotique une double visée de systématisation conforme aux idéaux de Peirce et aux idéaux de l'*International Encyclopedy of Unified Science* (11) :

1) unification :

— des diverses approches du signe,
— des sciences humaines,
— de toutes les sciences, sciences de l'esprit et de la nature ;

2) formalisation et axiomatisation dans un système déductif.

Morris renoncera à mener à bien la seconde étape, mais consacrera sa vie à la réalisation de la première.

L'objet de la sémiotique est d'étudier les choses ou les propriétés des choses en tant qu'elles peuvent fonctionner comme signes. Mais la sémiotique est également un instrument pour les sciences : elle est l'*organon* pour l'étude de la science, pour la « méta-science ». Morris partage l'idée commune à des philosophes et épistémologues comme Hempel ou Schefler, que l'étude de la science coïncide avec l'étude du langage de la science. Qu'est-ce en effet que l'étude d'un langage ? Cela comporte, bien sûr, l'étude de la structure formelle, mais cela ne s'arrête pas là, comme on le croit trop souvent à tort. S'impose aussi l'étude de la relation de ce langage aux objets désignés et aux personnes qui l'utilisent.

Pour réaliser ces projets, la sémiotique doit se munir de son propre langage pour pouvoir parler des signes. Elle doit en outre contribuer à purifier, simplifier et systématiser le langage de la science.

2. **Sémiotique et « semiosis ».** — A) *La nature du signe.* — Un signe renvoie à quelque chose pour quelqu'un. Morris, à la suite de Peirce, appelle *semiosis* le processus selon lequel quelque chose fonctionne comme signe. Selon une tradition qui remonte aux Grecs et qu'il s'agit de se réapproprier et de prolonger, on considère que ce processus met en jeu au moins trois facteurs : ce qui agit comme signe (le support), ce à quoi le signe réfère, et l'effet

(11) C'est dans la collection de l'International Encyclopedy of Unified Science, à Chicago, que sont publiés les Foundations of the Theory of Signs. L'influence de Carnap et des idéaux du Cercle de Vienne s'y manifeste fortement. Le behaviourisme professé par Morris est également en accord avec la doctrine épistémologique en vigueur. Mais l'influence de Peirce et du pragmatisme ne cessera de grandir et de gagner. D'où les tensions dans l'œuvre de Morris.

produit sur un interprète, effet en vertu duquel la chose en question est un signe pour l'interprète. Soient :

— véhicule, signe S
— *designatum* D
— interprétant (interprète) I

} *semiosis.*

La *semiosis* est une réaction médiatisée à quelque perception. S, D et I sont des propriétés relationnelles acquises et révélées dans la participation au processus fonctionnel de la *semiosis*. Chez Morris tout comme chez Peirce la sémiotique n'étudie pas un type d'objet particulier (le signe en soi, lequel n'existe pas) mais des objets ordinaires dans la stricte mesure où ils participent à la *semiosis*. Il y a des degrés dans la *semiosis*. Faible, lorsqu'un signe d'un objet attire simplement l'attention de l'interprète sur cet objet. Elevé, lorsqu'en l'absence de l'objet le signe permet à l'interprète de prendre en considération toutes les propriétés de l'objet en question. Degré intermédiaire, lorsqu'on peut prendre en considération quelques-unes des propriétés de l'objet. Morris suit encore la leçon de Peirce dans sa caractérisation du *designatum*. Le *designatum* n'est pas identique à l'objet. C'est moins l'objet que celles de ses propriétés dont le signe permet à l'interprète de s'aviser. Tout signe a un *designatum*, qui est son corrélat dans le processus de la *semiosis*. Mais tout signe ne se réfère pas à un existant actuel. Morris réserve l'appellation de *denotatum* à l'existant à quoi il est fait référence. Un *designatum* n'est pas une chose, un objet, mais un type d'objet, une classe d'objets déterminée par un certain nombre de propriétés. Une classe peut avoir plusieurs membres, un seul ou aucun. Les *denotata* sont les membres de la classe. Le fonctionnement du signe ne garantit évidemment pas l'existence d'objets dénotés. Comme le note Morris avec humour, « on peut faire des préparatifs pour vivre dans une île qui a depuis longtemps disparu sous la mer ».

B) *Dimension et niveaux de la « semiosis »*. — Morris estime (décision de portée fondatrice) qu'on peut, pour les étudier, abstraire du processus de *semiosis* des relations dyadiques. Trois relations sont mises en évidence :

— La relation des signes aux objets : c'est la *dimension sémantique de la « semiosis »*, soit *Dsem*.

Elle n'est pas simple, puisqu'elle admet pour terme premier le *designatum*, lequel possède, éventuellement seulement, un *denotatum*. On la simplifie pourtant en la présentant comme relation des signes aux objets.

— La relation des signes aux interprètes : c'est la *dimension pragmatique* de la *semiosis*, soit *Dp*. Là aussi cette relation n'est pas simple, puisqu'elle est premièrement à l'interprétant. C'est par une simplification que Morris la réduit à une relation à l'interprète, ou, comme on dira couramment, à l'utilisateur des signes (12).

— La relation formelle des signes entre eux ne fait apparemment pas partie du processus sémiotique. En effet l'usage courant n'élimine pas la possibilité de parler de signe isolé, d'appliquer le terme de signe à quelque chose qui ne fait pas partie d'un système de signes. Mais on peut douter qu'il existe un signe isolé. Pour Morris tout signe a une relation à d'autres signes : ce à quoi le signe prépare l'interprète à réagir ne peut être énoncé qu'en termes d'autres signes. Il y a donc une *dimension syntactique de la semiosis*, soit *Dsyn*.

Les signes entrent dans des relations différentes suivant la dimension envisagée. Dans la dimension syntaxique, les signes *s'impliquent*. Dans la dimension sémantique, les signes *désignent* et *dénotent*. Dans la dimension pragmatique les signes *expriment* (leurs utilisateurs). Morris prend l'exemple du mot « table ». Il implique un meuble avec une surface horizontale, dénote les objets auxquels le terme s'applique, dont le terme est vrai, et exprime l'idée de celui qui parle. La sémiotique comme science fait usage de signes spéciaux pour formuler les faits au sujet des signes ; c'est un langage conçu pour parler sur les signes. Le terme même de « signe » est un terme sémiotique non entièrement définissable à l'intérieur de l'une des trois dimensions, syntaxique, sémantique, ou pragmatique, seule. En principe on pourrait présenter la sémiotique comme un système déductif, avec des termes non définis et des énoncés primitifs permettant la dérivation d'autres énoncés comme théorèmes. Entièrement formalisée, on aurait alors une *sémiotique pure*. De façon systématique un métalangage y serait

(12) Le tableau suivant permettra de mieux évaluer la portée de la simplification réductrice opérée par Morris :

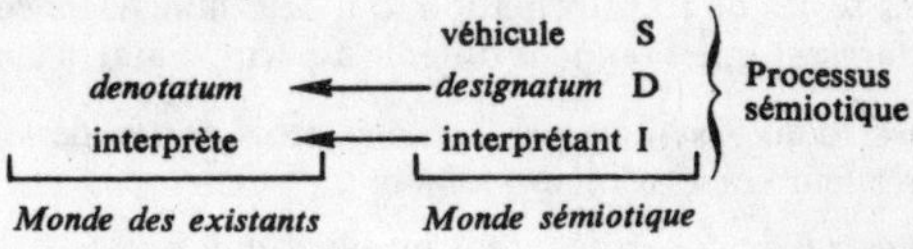


Morris fait de l'interprète un élément de la *semiosis*. Cet élément élimine l'interprétant lorsque Morris « disloque » la relation triadique de Peirce en trois relations dyadiques, dont deux, la relation sémantique et la relation pragmatique, sont simplifiées sinon faussées. La doctrine de Peirce était qu'un signe renvoie à un autre signe. La décision de Morris, qui se proposait de systématiser la théorie de Peirce et de fonder une sémiotique scientifique, aboutit à la fondation d'une pragmatique empirique. Morris construit en réalité une psychosociologie des signes. C'est ainsi que la recevra en particulier Carnap. L'idée d'une pragmatique pure ou formelle devra lutter pour s'imposer.

élaboré, où discuter de toutes les situations où interviennent des signes. L'application de ce langage à des instances concrètes de signes serait appelée *sémiotique descriptive*.

C) *Le langage*. — Comment préciser son statut sans s'arrêter à une vue partielle ? En effet le formaliste, selon Morris, considère tout système axiomatique comme un langage, sans prendre garde s'il y a des objets dénotés et si le langage est utilisé. L'empiriste insiste sur la nécessité de la relation des signes aux objets. Le pragmatiste considère le langage essentiellement comme une activité de communication, d'origine et de nature sociale. Une caractérisation véritablement sémiotique du langage comporte ces trois aspects : L = Lsyn + Lsem + L*p*. Quant aux qualifications des langages, on les dira plus ou moins riches selon :

— la complexité de leur structure syntaxique ;
— l'ampleur du domaine de choses qu'ils désignent ;
— les finalités pour lesquelles ils sont adéquats.

Les plus riches sont les langages naturels, encore appelés langages universels parce qu'on peut tout y représenter. Leur richesse même les rend inaptes à certains usages où la rigueur et l'univocité sont exigées.

3. **La syntaxe.** — La conception formelle du langage a été la première dégagée dans l'histoire et l'étude de la syntaxe la plus développée depuis Leibniz, Boole, Frege, Peano, Peirce, Russell, Whitehead, Carnap. Selon ce point de vue un langage est tout ensemble d'éléments associés selon deux sortes de règles :

— des règles de formation, qui déterminent les combinaisons permises de membres de l'ensemble (= phrases) ;
— des règles de transformation, qui déterminent les combinaisons (phrases) que l'on peut obtenir à partir d'autres combinaisons.

La structure syntaxique organise trois sortes de signes classés d'après leur corrélation aux objets :

— *signes indexicaux* dénotant un objet unique ;
— *signes caractérisants*, qui peuvent dénoter une pluralité de choses et sont combinables avec des signes qui explicitent ou restreignent leur application ;
— *signes universels*, qui peuvent tout dénoter et entrer en relation avec tout signe.

Toute phrase contient un signe dominant et des signes spécifiants. Tout compte rendu d'un objet ou d'un événement exige l'indication à la fois de sa localisation et de ses propriétés pertinentes. Le degré convenable de spécification est obtenu en combinant des signes caractérisants ; un énoncé capable d'être vrai ou faux requiert des signes indexicaux, un signe caractérisant dominant avec des spécifiants, et des signes qui montrent la relation entre signes indexicaux et signes caractérisants. D'où une formule générale d'énoncé :

« Signe caractérisant dominant - spécifiants caractérisants (signes indexicaux). »

Soit la phrase « Le cheval blanc court lentement », proférée en situation concrète avec les gestes convenables. On a :

— « court » : signe dominant, « lentement » : caractérisant spécifiant,
— « cheval » : spécifiant,
— « blanc » : spécifiant,

à quoi il faut ajouter le geste comme signe indexical localisant auquel le signe dominant spécifié s'applique. Morris remarque que les conditions de la profération peuvent montrer que « cheval », ou un autre signe, doit être pris comme signe dominant, si bien que des conditions proprement pragmatiques déterminent ce qui, en fait, est le signe dominant. Le signe dominant peut avoir aussi une portée d'un autre genre. Ce peut être un signe pour indiquer que ce qui suit est une déclaration ou une croyance entretenue avec un certain degré de conviction. Dans le langage parlé, les pauses, la mélodie, l'accent accomplissent de telles fonctions et contribuent à déterminer quelles sont les relations exactes entre les signes. Dans le langage écrit, les signes de ponctuation, la typographie jouent un rôle analogue.

4. **La sémantique.** — De quoi traite la sémantique ? De la relation des signes à leurs *designata*, et ainsi aux objets qu'ils peuvent dénoter ou non. Morris distingue entre :

— une sémantique *pure* ; elle fournit les termes et la théorie nécessaires pour parler de la dimension sémantique de la *semiosis* ;
— et une sémantique *descriptive*, qui s'occupe des instances concrètes de la dimension sémantique.

Morris remarque que, pour que se développe la sémantique, il a fallu que la syntaxe définisse clairement le métalangage : il faut en sémantique pouvoir se référer aux signes et aux objets, et pouvoir se référer au langage-objet. Morris dégage la notion de règle sémantique : règle qui détermine sous quelles conditions un signe peut être appliqué à un objet ou à une situation. Les règles sémantiques associent les signes et les situations dénotables par les signes. Elles déterminent le *designatum*. A peu près à la même époque

Reichenbach les appelait définitions de coordination, et Adjukiewicz, règles empiriques de signification. De telles règles ne sont en général pas formulées par les locuteurs. Elles agissent plutôt comme des habitudes. Ceux qui ont tenté d'en donner des descriptions se sont attachés à des fragments de langue commune et à des langages qui ont été délibérément construits. La formulation générale d'une règle sémantique est la suivante : le signe « *x* » désigne les conditions *a*, *b*, *c*, sous lesquelles il est applicable ; l'énoncé de ces conditions donne la règle sémantique pour « *x* » ; tout objet ou situation qui remplit les conditions requises est dénoté par « *x* ».

Quelques différences remarquables entre signes :

— un *signe indexical* ne caractérise pas ce qu'il dénote (sauf pour ce qui est des coordonnées spatio-temporelles) et n'a pas besoin d'être semblable à ce qu'il dénote ;

— un *signe caractérisant* caractérise ce qu'il peut dénoter ; s'il le fait en montrant sur lui-même les propriétés qu'un objet doit avoir pour être dénoté par lui, c'est une icône ; sinon c'est un symbole.

Un concept peut être considéré comme une règle sémantique déterminant l'usage de signes caractérisants. Quant aux signes indexicaux, ils sont indispensables pour assurer le lien d'un langage au réel.

C'est adossée mitoyennement à cet ensemble à la fois riche et encore sommaire de thèses sur la syntaxe et la sémantique, que va surgir et grandir la jeune pragmatique : comme partie troisième de la sémiotique.

5. **La pragmatique.** — Science qui traite de la relation des signes à leurs interprètes : telle est la définition primitive de la pragmatique. Morris précise qu'étant donné que la plupart des signes ont pour interprètes des organismes vivants, on caractérisera parfaitement la pragmatique en disant qu'elle traite des aspects biotiques de la *semiosis*. Il entend par là de façon large l'ensemble des phénomènes psychologiques, biologiques et sociologiques qui sont liés au fonctionnement des signes. Morris distingue une pragmatique pure et une pragmatique descriptive. Ici « pur » renvoie à l'élaboration d'un langage où parler de la dimension pragmatique de la *semiosis*. Les concepts essentiels de la pragmatique sont ceux d'interprète, interprétant, convention (appliquée aux signes), prendre en compte (comme fonction des signes), vérifier, comprendre. D'autres concepts importants de la sémiotique comme signe, langage, vérité, connaissance, ont une composante pragmatique. *La pragmatique présuppose la syntaxe et la sémantique. Il faut savoir quelle est*

*la relation des signes entre eux et des signes aux choses pour envisager la relation des signes aux interprètes.*

*La notion de règle pragmatique.* — Les règles syntactiques déterminent les relations entre signes-véhicules ; les règles sémantiques corrèlent les signes-véhicules avec d'autres objets ; les règles pragmatiques énoncent les conditions concernant les interprètes sous lesquelles le signe-véhicule est un signe. De fait toute règle agit à la manière d'une conduite type, et en ce sens il y a une composante pragmatique dans toutes les règles. Mais il y a des règles spécifiquement pragmatiques. Ces règles expriment par exemple quelles conditions doivent être remplies par les interprètes pour que fonctionnent des interjections comme « Oh ! », des ordres comme « Viens ici ! », des termes évaluatifs comme « Heureusement », des expressions comme « Bonjour ! », et différents procédés rhétoriques ou poétiques. La formulation de telles conditions, dans la mesure même où elle ne s'épuise pas dans les termes de la syntaxe et de la sémantique, est d'ordre pragmatique. Ce n'est que maintenant que l'on peut donner la caractérisation complète d'un langage :

« Un langage, au sens pleinement sémiotique du mot, est tout ensemble intersubjectif de signes-véhicules dont l'usage est déterminé par des règles syntaxiques, sémantiques et pragmatiques. »

Morris s'avise que, dans le cas des signes linguistiques, le travail de l'interprétation devient quelque chose d'extrêmement complexe. Dans les termes de la pragmatique, un signe linguistique se définit en tant qu'il est utilisé, en combinaison avec d'autres signes, par les membres d'un groupe social. Un langage est un système social de signes médiatisant les réponses des membres d'une communauté les uns aux autres. Comprendre un langage, c'est n'employer que les combinaisons et les transformations de signes qui ne sont pas proscrites par les usages de groupe social en question, c'est dénoter objets et situations comme le font les membres du groupe, éprouver les mêmes attentes et anticipations que les autres en présence de certains signes-véhicules et exprimer comme les autres les états où l'on se trouve. Bref, comprendre un langage, l'utiliser correctement, c'est suivre les règles de l'usage courant dans une communauté sociale donnée.

Morris emprunte à Mead (13) le critère de distinction entre le signe simplement biologique et le signe proprement linguistique. Le signe linguistique doit pouvoir être utilisé volontairement à des fins de communication. Le phénomène premier d'où le langage a émergé est le geste, le geste vocal. Un signe « gestuel », par exemple

(13) Mead, Mind, Self and Society, Chicago, 1934 ; trad. franç., L'esprit, le soi et la société, Paris, PUF, 1963.

le grognement d'un chien, diffère d'un signe non gestuel, comme le tonnerre, en ce sens que la production du signe-véhicule est une première phase d'un acte social, et le *designatum* une phase ultérieure ; ici, l'attaque par le chien. On dira que l'animal attaqué est l'interprète et la préparation à la défense par l'interprète est l'interprétant. Par contre le signe n'est pas ici un signe pour son producteur dans la même mesure où il l'est pour le récepteur interprète ; le signe n'est pas mis en commun entre les agents, et c'est pourquoi, selon Mead suivi par Morris, ce n'est pas un signe linguistique. Par contre le signe gestuel vocal est perçu par son émetteur comme il l'est par les autres. Lorsque ces signes sont liés à des actes sociaux (combat, jeu, fête, etc.), les participants à l'acte ont, en dépit de leurs différents rôles, un *designatum* en commun.

Dans la perspective d'un behaviourisme social, Mead et Morris sont amenés à considérer la conscience individuelle comme quelque chose qui apparaît au cours d'un processus social lorsque la communication gestuelle objective est intériorisée par l'individu à travers le fonctionnement même des gestes vocaux. L'individu acquiert en quelque sorte son moi par sa participation aux activités communes et au langage commun. Comme le note Roland Posner, la sémiotique de Morris se prolonge tout naturellement dans une éthique, une « éthique situationnelle », préoccupée de « l'harmonisation des intérêts de l'individu avec ceux de la société » (14).

Relève encore de la pragmatique l'étude d'un phénomène qui affecte les interprètes dans une sorte de perversion ou de distorsion de la *semiosis*. Ainsi la capacité de construire des systèmes de signes syntactiquement très élaborés, où le créateur investit fortement ses croyances, mais dont la majorité des termes n'ont pas de règles sémantiques d'usage. On reconnaît sous cette forme la critique positiviste des pseudo-énoncés métaphysiques. L'importance des signes par rapport aux objets est majorée dans l'art, sans qu'il y ait confusion entre les deux. Le risque de confusion est accru dans la manipulation magique des signes, et tout simplement dans les délires pathologiques. L'essentiel réside dans le jeu entre les signes et leurs interprètes, qui oublient les restrictions dues aux exigences de cohérence, d'une part, et de vérifiabilité, de l'autre, auxquelles contraignent les dimensions syntaxique et sémantique.

6. **La signification.** — Pour Morris il n'y a pas quelque chose comme la signification. Le concept de signification est un concept sémiotique, c'est-à-dire tridimensionnel. Il ne paraît difficile et

(14) Roland Posner, Charles Morris und die verhaltens theoretische Grundlegung der Semiotik, Zeitschrift für Semiotik, 1, 1979.

confus qu'à ceux qui ne distinguent pas assez clairement quelle dimension ils envisagent. Le concept de vérité est soumis à la même mésaventure. En certains cas il faut entendre par signification les *designata*, en d'autres cas les *denotata*, parfois aussi l'interprétant (c'est-à-dire en gros la pensée de l'interprète), ou bien ce qu'un signe implique, parfois enfin le processus même de la *semiosis*. L'essentiel est que la sémiotique ne repose pas sur une théorie particulière de la signification ; bien plutôt est-ce le concept de signification qui doit gagner en clarté à se trouver analysé selon les distinctions de la sémiotique. Cette dernière, Morris insiste à plusieurs reprises sur ce point, a un caractère fondamentalement systématique et relationnel : ni le signe-véhicule, ni le *designatum*, ni l'interprétant ne peuvent être définis sans référence l'un à l'autre ; ils ne représentent donc pas des existences isolées mais des aspects ou propriétés des choses qui entretiennent avec d'autres aspects et d'autres propriétés d'autres choses des relations fonctionnelles spécifiables. Un état psychique, ou une réponse comportementale, n'est pas d'emblée et comme tel un interprétant mais le devient dans la mesure où il constitue la prise en compte de quelque chose qui est évoqué par un véhicule-signe. Aucun objet n'est d'emblée et comme tel un *denotatum* mais il le devient dans la mesure où il est un membre de la classe des objets désignables par un signe-véhicule en vertu de la règle sémantique pour ce dernier. Rien n'est intrinsèquement un signe, un signe-véhicule. Seul le devient, en bref, ce qui permet à quelque chose de prendre en compte quelque chose d'autre par sa médiation. On ne peut localiser nulle part des significations comme des existences dans le processus de la *semiosis* : il faut les caractériser à travers ce processus comme tout. « Signification » est donc un terme théorique qui appartient à la sémiotique ; ce n'est pas un terme dans le langage-objet. Dire qu'il y a des significations n'est pas affirmer qu'il y a une classe d'entités sur le même pied que les arbres, les rochers et les organismes vivants. C'est dire simplement que certains objets fonctionnent d'une certaine façon dans le processus de la *semiosis*.

Une telle formulation a de surcroît l'intérêt d'écarter une erreur philosophique fréquente, à savoir la croyance que la signification est par principe, quelque chose de personnel, de privé, de subjectif. Sur le plan de l'histoire, cette dernière conception doit beaucoup à l'assimilation de la position conceptualiste avec la psychologie associationniste et la thèse métaphysique globale de la subjectivité de l'expérience. Des penseurs comme Ockham et Locke s'étaient parfaitement avisés de l'importance de l'habitude dans le fonctionnement des signes, mais dans la mesure où la psychologie associationniste réduisait les phénomènes mentaux à des combinaisons d'états psychiques et estimait que ces états ne pouvaient être qu'internes à l'esprit de l'individu, et donc accessibles à lui seulement, la signification en vint à être envisagée de la même façon. A cette vue, Morris oppose le caractère relationnel du terme d'expérience. Et reprenant pour son compte la conviction exposée par Wittgenstein dans ses *Investigations*, il affirme le caractère potentiellement intersubjectif de la signification. C'est la médiation de la règle qui est ici décisive :

« Etant donné que la signification d'un signe est spécifiée exhaustivement par la formulation de ses règles d'usage, la signification de tout signe est en principe déterminable exhaustivement par une investigation objective... Il s'ensuit que la signification de tout signe est potentiellement intersubjective. »

Dès 1938 Morris prévoyait la tournure qu'allaient prendre les recherches ultérieures : la tendance générale est à la recherche spécialisée soit en syntaxe, soit en sémantique, soit dans le domaine plus vaste de la pragmatique. C'est pourquoi on ne saurait trop insister sur les interrelations de ces disciplines à l'intérieur de la sémiotique. Les commentateurs présentent souvent la progression de la recherche comme une construction à partir de la syntaxe, à quoi s'adjoindrait le point de vue de la sémantique, puis celui de la pragmatique (à qui l'on confierait également le soin de traiter des problèmes intraitables ailleurs !). Or la dimension pragmatique, est présente dès que l'on introduit le concept de règle : la règle est toujours *pour un usage*. Selon Morris aucune des trois disciplines ne suffit à définir ses propres concepts ni à se définir elle-même dans son projet. Encore moins pourrait-elle émettre une quelconque prétention fondationnelle. Morris formule une sorte d'avertissement : la pragmatique ne saurait aller bien loin sans prendre en compte les structures formelles pour lesquelles elle doit chercher les corrélats pragmatiques, de même que les relations des signes aux objets, relations qu'elle explique par les notions d'habitude et d'usage.

Enfin interrelation ne signifie pas réductibilité. Les trois points de vue en question sont nécessaires. Morris récuse par avance toute portée aux querelles de frontières :

« En un sens il n'y a de limite à aucun des trois points de vue, c'est-à-dire qu'il n'y a pas de lieu où un chercheur doive quitter un point de vue pour un autre. La raison en est simplement que ce sont des études de la *semiosis* de différents points de vue... La syntaxe, la sémantique et la pragmatique sont des composantes de la science sémiotique qui est une, mais ce sont des composants mutuellement irréductibles. »

On le voit, la pragmatique dont Morris, systématisant l'inspiration de Peirce, a dessiné les contours, est loin d'être une pragmatique strictement linguistique. Bien au contraire, elle est indissociable d'une sémiotique dont l'ampleur recouvre, peut-on dire, tous les phénomènes de la vie, au-delà du langage et au-delà de la conscience (15). Mais avant de voir comment la pragmatique actuelle a quitté le giron sémiotique pour se restreindre à peu près exclusivement au domaine linguistique, voyons comment le programme de Morris a été reçu par son contemporain Carnap.

## V. — Deux fondateurs-relais : Rudolf Carnap et Yehoshua Bar-Hillel

Pour Carnap, membre influent du Cercle de Vienne, logicien, épistémologue et philosophe des sciences, la caractérisation de la pragmatique est une affaire marginale. Et pourtant ses définitions et ses programmes, largement inspirés de Morris, ont été influents (16). A un double titre : tout d'abord pour une caractérisation de la version empirique de la pragmatique — on parle ainsi de la conception « Morris-Carnap » — et ensuite à titre de « relais malgré lui ». C'est en effet de Carnap que Bar-Hillel reprend, mais en le bouleversant, le thème pragmatique. On peut dire que le « rejet » carnapien est devenu le « projet » de Bar-Hillel.

Carnap estimait que la pragmatique était nécessairement une science empirique. Il distinguait bien entre sémiotique pure et sémiotique descriptive, mais il déclarait qu'il ne pouvait concevoir de pragmatique pure, et que toute la linguistique, *i.e.* toute étude des faits (contingents) de langage, était fondée sur la pragmatique. Reprenant la définition proposée par Morris, il écrit : « Si dans une investigation on fait

(15) Dans cette mesure, les continuateurs de la pragmatique intégrée à la sémiotique sont plutôt les chercheurs regroupés autour de Paul Watzlawick à Palo Alto ou autour d'Erwin Goffman à Philadelphie, attentifs à la communication verbale et à la communication non verbale.

(16) C'est ainsi que Marcelo Dascal s'autorise conjointement de Peirce et de Carnap pour l'élaboration de sa « psychopragmatique ». Cf. son ouvrage Pragmatics and the Philosophy of Mind, Amsterdam, Benjamins, 1983. Sur l'importance accordée à l'usage des signes, voir du même auteur La sémiologie de Leibniz, Paris, Aubier-Montaigne, 1978.

une référence explicite au locuteur, ou, pour parler en termes plus généraux, à l'utilisateur du langage, alors nous assignons cette investigation comme ressortissant à la pragmatique. » Voici quelques exemples d'investigations que Carnap estimait telles :

« L'analyse physiologique des processus dont les organes vocaux et le système nerveux sont le siège, en liaison avec les activités verbales ; l'analyse psychologique des relations entre la conduite verbale et les autres conduites ; l'étude psychologique des différentes connotations d'un même mot pour différents individus ; des études ethnologiques et sociologiques des manières de parler et de leurs différences selon les groupes, âges, couches sociales ; étude des procédures utilisées par les savants pour enregistrer le résultat de leurs expériences, etc. »

Ainsi lorsque Carnap dit que la pragmatique est à la base de toute la linguistique, il faut bien voir la portée que revêt sous sa plume l'hommage excessif et paradoxal qu'il lui rend. La linguistique est pour Carnap une discipline empirique qu'il oppose à la logique. Seules la sémantique et la syntaxe *descriptives* sont fondées sur des connaissances pragmatiques. Non bien évidemment la syntaxe et la sémantique *pures. Or il n'y a pas de pragmatique pure*. La sémantique pure (analyse des systèmes formels de règles sémantiques) est indépendante par principe de la pragmatique. Par contre la sémantique descriptive (étude empirique des caractéristiques sémantiques des langues historiques) est une partie de la pragmatique. Curieusement, ce sont les logiciens qui feront de la pragmatique une discipline également formelle, et si elle est considérée comme fondationnelle par certains, c'est dans un tout autre sens que le sens carnapien.

L'avenir aura donné tort au pessimisme de Carnap tout en donnant raison à ses exigences, *i.e.* en montrant que les impératifs de rigueur qu'il avait imposés à la syntaxe et à la sémantique pouvaient être appliqués à la pragmatique de manière exacte et féconde. Un rôle charnière capital aura été joué ici par Bar-Hillel.

Dans son article pionnier de 1954 (17), Bar-Hillel note que Carnap est le seul grand logicien à avoir mentionné explicitement le fait que les langages artificiels qu'étudie le logicien ont été construits de telle façon que les contextes pragmatiques de la production de leurs phrases soient sans portée aucune. Carnap a mentionné ce point en exposant sa décision de restreindre sa discussion de la syntaxe générale à de tels langages (18).

Bar-Hillel note encore que c'est Carnap qui a fait la distinction entre deux types de dépendance à l'égard du contexte (l'expression de Carnap est « dépendance extra-syntactique »), l'une inessentielle, lorsque le contexte pertinent pour une phrase est constitué par les phrases qui la précèdent, l'autre essentielle, lorsque le contexte pertinent est extra-linguistique. Du fait de la restriction — volontaire et explicite chez Carnap, implicite chez les autres logiciens — aux langages non indexicaux, le développement remarquable de la syntaxe logique et de la sémantique logique dans les deux dernières décennies n'a eu qu'une portée très limitée sur l'étude des langages indexicaux. La restriction de Carnap était probablement due à deux raisons : tout d'abord les langages non indexicaux suffiraient à la formulation des sciences ; en second lieu la logique des langages non indexicaux est déjà délicate et doit être développée en priorité. A quoi Bar-Hillel réplique par la position suivante : la logique a atteint aujourd'hui un développement suffisant, et la formulation de la science n'est pas la seule et unique fonction du langage. On ne saurait donc repousser davantage la redoutable tâche d'analyser le fonctionnement complexe des expressions indexicales.

(17) Y. Bar-Hillel, Indexical Expressions, Mind, 1954.
(18) R. Carnap, The Logical Syntax of Language, London, 1937, § 46.

## VI. — Vers une pragmatique formelle. Le programme de Stalnaker en 1972

Près de vingt ans après l'article décisif de Bar-Hillel, Stalnaker décrit un état de la recherche en pragmatique fort peu avancé, et assez voisin des termes utilisés auparavant par Bar-Hillel. Il constate que jusqu'à une période récente la pragmatique a été la plus négligée des trois parties de la sémiotique. Les travaux ont été soit de nature informelle dans la tradition de l'analyse du langage ordinaire, soit de nature formelle mais réducteurs (à la sémantique). Stalnaker déclare se situer dans la lignée de travaux récents en sémantique formelle tout en voulant véritablement faire œuvre de pragmaticien (19). Cela implique à ses yeux l'établissement d'une distinction nette entre les deux disciplines.

Qu'est-ce que la sémantique ? Stalnaker rejette comme vagues les définitions proposées par Morris et par Carnap. Pour lui le problème de la sémantique formelle est de définir la vérité et les conditions de vérité pour les phrases d'un langage donné. La sémantique formelle fait abstraction des finalités poursuivies par les locuteurs. La sémantique est l'étude des propositions, c'est-à-dire d'objets représentant des conditions de vérité. Une proposition est une règle, une fonction, qui nous mène du monde à des valeurs de vérité. Nous partons généralement du monde réel mais il convient de pouvoir évaluer non seulement l'état actuel du monde, mais des états possibles du monde, ce que l'on a appelé des « mondes possibles ». Une proposition sera une manière de diviser le monde en deux ; l'ensemble des états possibles du monde en deux : ceux qui sont exclus par la vérité de la proposition et ceux qui ne le sont pas. Comment identifier un monde possible ? En spécifiant un domaine d'individus dits exister dans ce domaine.

Selon Stalnaker on peut abstraire les propositions d'une part des phrases, des diverses formulations linguistiques, d'autre part des actes linguistiques où elles figurent. Cela fait de la sémantique quelque chose d'entièrement déconnecté d'avec la linguistique. Néanmoins cela reste un problème sémantique que de savoir spé-

(19) Robert Stanlaker, Pragmatics, *in* Davidson et Harman éd., Semantics of Natural Languages, Dordrecht, Reidel, 1972.

cifier les règles qui associent les *phrases* d'un langage naturel avec les *propositions* qu'elles expriment. Or ces règles associent la plupart du temps les phrases avec des propositions tenant compte des traits du contexte dans lequel la phrase est utilisée. En résumé, la syntaxe étudie les phrases, la sémantique étudie les propositions. Quant à *la pragmatique, elle est l'étude des actes linguistiques et des contextes dans lesquels ils sont accomplis.*

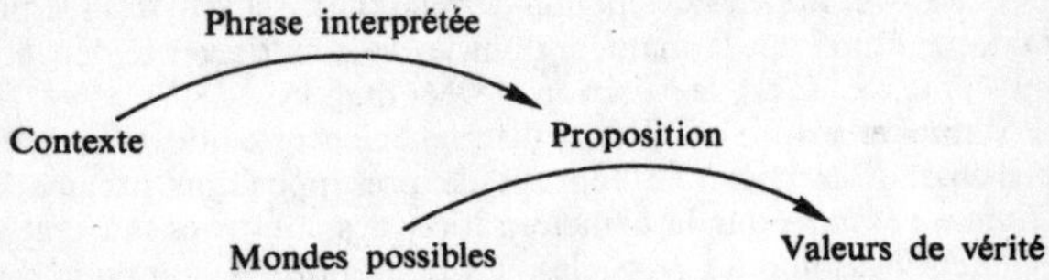


La pragmatique a donc deux tâches :

— définir les actes de langage intéressants ; c'est l'analyse des actes illocutionnaires ;
— caractériser les traits du contexte de profération qui aident à déterminer quelle proposition est exprimée par une phrase donnée.

Le problème de l'analyse des actes de langage est de trouver les conditions nécessaires et suffisantes pour la réussite, ou plus simplement pour l'accomplissement normal, d'un acte de langage. Ces conditions comportent la présence ou l'absence de certains traits dans le contexte où l'acte de langage est accompli. Par exemple : les intentions du locuteur, le savoir, les croyances, les attentes et les intérêts communs au locuteur et à son auditoire, les autres actes de langage qui ont été accomplis dans le même contexte, le moment où les propos sont tenus, leurs effets, la valeur de vérité de la proposition exprimée, etc. Le contexte de profération n'affecte pas seulement la force avec laquelle la proposition est exprimée mais aussi la proposition elle-même. Prenons par exemple l'énoncé : « Tout le monde s'amuse bien. » Même si l'on comprend la phrase et si l'on est omniscient quant aux amusements de tous les individus de tous les temps, on ne peut se prononcer sur la vérité de l'énoncé que si l'on sait en outre *quand* il a été proféré et au sujet de *qui*. D'autres exemples peuvent être donnés, où apparaissent des pronoms personnels, des démonstratifs, des termes modaux.

Les règles syntaxiques et sémantiques d'un langage déterminent une phrase interprétée. Tenir compte des traits pertinents du contexte d'usage détermine une proposition ; associée à un monde possible, la proposition détermine une valeur de vérité. La phrase interprétée correspond à une fonction qui va des contextes aux propositions ; une proposition est une fonction qui va des mondes possibles aux valeurs de vérité. Les contextes et les mondes possibles sont tous les deux des déterminants partiels de la valeur de vérité de ce qui est exprimé par une phrase donnée. La suggestion de Stalnaker est de les associer en considérant une proposition comme une fonction des contextes et des mondes possibles aux valeurs de vérité. Les contextes et les mondes possibles associés sont appelés des points de référence. La sémantique pragmatique étudierait la manière dont les valeurs de vérité dépendent du contexte. C'est la solution de Montague.

Stalnaker estime qu'il faut distinguer entre contexte et monde possible. Il introduit le concept de présupposition pragmatique comme central pour la caractérisation des contextes, en tant que distincts des mondes possibles. La conception sémantique de la présupposition est que *p* présuppose *q* si *q* est nécessaire aussi bien pour *p* que pour non-*p*. Dans la conception pragmatique, la présupposition est une attitude propositionnelle. Présupposer une proposition au sens pragmatique, c'est considérer sa vérité comme acquise et assumer que les gens qui font partie d'un même contexte en font autant. Or il ne s'agit pas d'attitudes mentales mais de ce qui se manifeste à travers un comportement linguistique. On a des présuppositions en vertu des énoncés que l'on profère et des questions que l'on pose. Stalnaker introduit également le concept de *situation linguistique* : l'ensemble de toutes les présuppositions faites par une personne dans un contexte donné détermine une classe de mondes possibles, ceux qui sont compatibles avec les présuppositions précédentes. Il va de soi que, pour éviter les malentendus, il est préférable que les participants à un même contexte partagent les mêmes présupposés. Deux règles gouvernent les propos tenus relativement aux présuppositions :

— ne pas asserter ce qui est incompatible avec les présuppositions ;
— ne pas asserter les présuppositions déjà acquises.

Stalnaker estime que les présuppositions partagées par les locuteurs dans une situation de communication linguistique sont peut-être l'élément le plus important du contexte.

## VII. — **Constitution d'une pragmatique à trois degrés : le programme de Hansson en 1974** (20)

On doit à Hansson d'avoir apporté à la fois de l'ordre et un programme de développement à la

(20) B. Hansson, A program for pragmatics, *in* S. Stenland éd., Logical Theory and Semantic Analysis, Dordrecht, Reidel, 1974.

pragmatique. Le premier à avoir tenté une unification systématique et une articulation entre les différentes parties progressant jusqu'ici de manière relativement indépendante, il distingue trois degrés. Le terme choisi de degrés, plutôt que de parties, indique l'idée d'un passage progressif d'un plan à un autre. On verra que, corrélativement à chaque degré, c'est un certain aspect du contexte qui est pris en compte. On peut dire que d'un degré à l'autre le contexte s'enrichit et se complexifie.

1) La pragmatique du premier degré est l'étude des symboles indexicaux, c'est-à-dire des expressions systématiquement ambiguës. Expressions dont le *sens* est tel que leur *référence* varie systématiquement avec les circonstances de leur usage, c'est-à-dire avec leur contexte de profération.

Quel est le contexte pour le premier degré ? Ce sont des existants, ou des déterminants d'existants. Contexte existentiel et référentiel : les interlocuteurs, les coordonnées d'espace et de temps.

2) La pragmatique du second degré est « l'étude de la manière dont la proposition exprimée est reliée à la phrase prononcée, là où, dans les cas intéressants, la proposition exprimée doit être distinguée de la signification littérale de la phrase ».

Quel est le contexte pour le second degré ? C'est le contexte au sens élargi de Stalnaker, c'est-à-dire étendu à ce qui est présumé par les interlocuteurs.

C'est un contexte d'informations et de croyances partagées. Ce n'est pourtant pas un contexte « mental » mais un contexte traduit en termes de mondes possibles.

3) La pragmatique du troisième degré est la théorie des actes de langage. Il s'agit de savoir ce qui est accompli par l'emploi de certaines formes linguistiques. Les actes de langage sont linguistiquement marqués, mais cela ne suffit pas pour lever les ambi-

guïtés et indiquer ce qui a été effectivement accompli dans telle situation de communication. L'existence d'actes de langage indirects rend d'ailleurs le problème plus complexe. Comme l'écrit Schnelle dès 1973 : « C'est le contexte qui détermine si un énoncé sérieux a été fait, plutôt qu'une plaisanterie, ou si l'on a cité un exemple, formulé un avertissement ou donné un ordre. » On voit que le concept de contexte est ici plus riche et indéfini que dans les cas précédents. Lever les ambiguïtés dans les cas évoqués par Schnelle est bien près de relever d'une compétence encyclopédique, ou de compétences culturelles ou transculturelles, voire du tact individuel.

CHAPITRE II

# LA PRAGMATIQUE DU PREMIER DEGRÉ L'ÉTUDE DES SYMBOLES INDEXICAUX

> LE CHEVREAU. — Qui frappe ?
> LE LOUP. — Moi !
> LE CHEVREAU. — Qui ça « moi » ?
> LE LOUP. — Moi pardi ! Qui veux-tu que ce soit d'autre ? (1).

C'est C. S. Peirce qui a introduit les expressions d' « index » et de « signe indexical ». B. Russell a utilisé l'expression de « *egocentric particular* », que Ph. Devaux traduit par « circonstanciel égocentrique », et J. Vuillemin par « indicateur de subjectivité ». N. Goodman a forgé le terme « *indicator* ». H. Reichenbach celui de « *token-reflexive word* ». Il s'agit grâce à toutes ces expressions de désigner les signes en question en les caractérisant. Quelles sont donc leurs caractéristiques ?

Les pronoms comme « je », « tu », « il », les démonstratifs ou déictiques comme « ceci », « ce...là », « maintenant », sont des expressions dont la référence varie systématiquement avec les circonstances de leur usage, c'est-à-dire avec leur profération en contexte. Ils font

(1) Extrait du récit populaire : Et pourtant la patte était blanche...

d'abord renvoi au fragment linguistique où ils ont occurrence avant de renvoyer à un individu (parlant), à un lieu, à un moment du temps. Leur étude a été considérée par Hansson comme devant constituer le premier degré de la pragmatique. C'est dans cette acception restreinte que Montague emploie le mot pragmatique (2). Kalish fait de même : « La pragmatique est simplement l'extension de la définition sémantique de la vérité à des langues formelles contenant des termes indexicaux » (3). Bar-Hillel en 1954 avait identifié la pragmatique à l'étude sémantique des langages formels ou naturels incluant des expressions indexicales. On veut fixer un contenu sémantique en tenant compte de déterminants pragmatiques. La relation du signe et de l'interprète est prise en considération dans la mesure où elle affecte la relation entre le signe et l'objet.

Dans le traitement des indexicaux on peut distinguer chez les théoriciens d'abord :

— une phase « éliminante » ou tout au moins réductrice : c'est le cas de Russell ;
— une phase de prise en compte, avec Bar-Hillel ; c'est la mise en évidence de leur caractère indispensable dans la communication, et celle du rôle cardinal du contexte pragmatique pour la détermination de la référence d'un certain nombre de phrases ;
— une phase sémanticienne de « reprise » du phénomène pragmatique ainsi mis en évidence : Scott, Lakoff ;
— une phase pragmaticienne qui tire les leçons des approches précédentes et ne renonce ni à faire usage de la théorie des modèles, ni à faire droit à la spécificité du phénomène.

(2) Richard Montague, Pragmatics, *in* Klibansky, La philosophie contemporaine, Florence, 1968.
(3) Kalish, art. « Pragmatics », *in* Encyclopedy of Philosophy, 1969.

## I. — La tentative de réduction par Russell

Russell appelle « particuliers égocentriques » (4) les mots dont la dénotation est relative à celui qui parle, tels que « ce...ci », « ce...là », etc. Il y ajoute les temps des verbes : non seulement « j'ai chaud », mais « Tom a chaud » n'a de signification déterminée que lorsque nous savons le moment où l'énoncé est proféré La première thèse de Russell porte sur l'interdéfinissabilité des particuliers égocentriques ; elle est réductrice et simplificatrice. Tous les termes égocentriques peuvent se définir à l'aide de « ce...ci ». Ainsi « je » signifie « la biographie à laquelle ceci appartient » ; « là » signifie « la place de « ceci » ; « maintenant » signifie « le temps de ceci » et ainsi de suite. Russell ne garde donc que « ceci » comme particulier égocentrique fondamental, qu'il explique en le distinguant notamment du nom, de la description et du concept.

— A l'instar du nom propre, « ceci » désigne sans décrire ; mais « ceci » ne s'applique qu'à un seul objet à un moment donné, et lorsqu'il commence à s'appliquer à un nouvel objet, il cesse d'être applicable à l'ancien.

— Aucune description ne contenant pas quelque particulier égocentrique ne peut posséder la propriété spéciale de « ceci » de ne s'appliquer en chaque occasion de son usage qu'à une seule chose et à différentes choses en différentes occasions.

— Le concept « objet d'attention » est certes impliqué, mais il faut autre chose pour sauvegarder l'unicité d'application de « ceci ».

Russell a le mérite d'avoir bien saisi la caractéristique de l'expression. Le mot « ceci » est pour lui un mot qui, *en un certain sens*, a une signification constante, mais, comme nom, il ne signifie que ce qu'il désigne, et son *designatum* change continuellement. Et la généralité de la description ou du concept est insuffisante pour la détermination de « ceci ». Bref, « ceci » dépend du rapport de l'usager d'un mot avec l'objet que le mot concerne (5).

Russell constate qu'aucun circonstanciel égocentrique ne se rencontre dans le langage de la physique. Il pose donc la question : a-t-on vraiment besoin de ces termes ? ne peut-on s'en passer ? Sa réponse est connue : « ceci » est un mot dont on n'a pas besoin pour une description complète du monde. « Les particuliers égocentriques ne sont requis dans aucune partie de la description du monde, que ce soit le monde physique ou le monde psychologique. »

(4) B. Russell, An Inquiry into Meaning and Truth, London, 1940 ; cf. aussi Human Knowledge, London, 1948.

(5) Cf. les remarques de Jean-Claude Pariente, *in* Le langage et l'individuel, Paris, Colin, 1973, p. 85 à 110.

C'est bien ainsi que l'entend Carnap. Et c'est pourquoi, comme on l'a vu, il ne cherche pas de traitement formel pour de telles expressions. En revanche Carnap a été alerté par Morris quant à l'existence d'un domaine de recherche, la pragmatique, à qui pourrait revenir ce type d'étude. D'autre part, si Russell n'accepte d'envisager que l'usage descriptif et scientifique du langage, il n'en va plus de même avec Bar-Hillel, qui estimera qu'il est temps d'appliquer un traitement rigoureux aux langues naturelles de communication. C'est cette conviction qui inspire l'article de 1954.

## II. — Le traitement des symboles indexicaux par Bar-Hillel

Trois exemples :

[1] La glace flotte sur l'eau,
[2] Il pleut,
[3] J'ai faim,

révèlent l'ampleur des différences dans le degré de dépendance à l'égard du contexte de production. [1] se réfère pour tous au même état de choses ; [2] requiert que l'on connaisse le lieu et le moment de sa production ; [3] requiert que l'on connaisse le locuteur et le temps de production. En conséquence il est légitime d'abstraire [1] du contexte pragmatique de production de ses occurrences et de dire que toutes les occurrences de [1] ont la même référence.

Il s'ensuit que l'abstraction à l'égard du contexte pragmatique (qui est le fait de la sémantique descriptive) n'est légitime que lorsque le contexte pragmatique est dépourvu de portée. On ne peut parler des références de [2] et de [3].

Pour qu'une phrase corresponde à un énoncé *(statement)* elle doit remplir certaines conditions syntactiques et sémantiques et, en outre, sa production doit remplir certaines conditions pragmatiques, comme d'être produite par un être conscient ayant une certaine attitude propositionnelle.

A quoi une certaine occurrence de [3] peut-elle se référer ? Il est impossible de répondre tant que le contexte pragmatique de production n'est pas connu. L'omettre revient à laisser l'occurrence sans aucune référence. Nous avons donc à tenir compte d'*une relation essentiellement triadique entre occurrence, contexte et proposition*. Il est bien sûr possible d'analyser davantage le contexte. On énumérera alors le locuteur, le récepteur, le temps de la production, le lieu, etc. On aura ainsi des relations polyadiques à quatre termes, à cinq ou à plus. Nous pouvons aussi, si cela nous est plus commode, réduire la relation triadique à une relation dyadique, mais, et c'est là le point essentiel, en ce cas l'un des membres de la relation ne serait plus l'occurrence elle-même, mais *la paire ordonnée consistant en l'occurrence et le contexte*. Bar-Hillel rappelle ce que Strawson avait mis en évidence, à savoir que ce n'est pas l'occurrence d'une phrase qui a pour référence une proposition, mais que c'est le locuteur qui fait référence à une proposition par le moyen d'une occurrence de la phrase (6). C'est quelque chose de tout à fait parallèle et complémentaire qu'il propose, en affirmant qu'on ne peut parler de la référence d'une occurrence de phrase sans mentionner le contexte pragmatique de production.

Bar-Hillel propose de n'assigner ni référence ni valeur de vérité aux occurrences de phrase du type [2] et [3] mais *seulement à une occurrence de phrase dans un certain contexte*, c'est-à-dire à la paire ordonnée consistant en l'occurrence de phrase et son contexte. Retrouvant quelque chose du sens traditionnel du « jugement » (exercice singulier du discernement en

(6) P. F. Strawson, On referring, Mind, 1950.

situation concrète), Bar-Hillel suggère d'appeler *jugement* une telle paire ordonnée. L'énoncé *(statement)* est indépendant du contexte ; le jugement, c'est le *hic et nunc* du cas particulier.

Quant à la question de l'élimination des expressions indexicales, la thèse de Bar-Hillel est claire : *l'usage communicatif du langage ordinaire ne peut se passer des expressions indexicales*. Et puisqu'elles sont indispensables, il convient de les traiter, c'est-à-dire de montrer comment le contexte où elles ont leur référence entre dans la détermination de la référence de la phrase. Bar-Hillel pour nous en convaincre se livre à l'élaboration d'un jeu de fiction. Imaginons le logicien Tom Brown, attelé à notre problème, et décidant de le traiter par l'expérience. Le 1er janvier de l'année 1951, il va tenter de voir si la vie est possible en utilisant seulement la partie non indexicale de sa langue maternelle. Il voudrait que sa femme lui apporte son petit déjeuner au lit, mais il s'est interdit de dire « j'ai faim » ou « s'il te plaît apporte-moi... ». Sa femme est au courant de l'expérience et ne met aucune bonne volonté à interpréter les tentatives de Tom Brown... Bref, c'est la faim qui fait sortir le logicien de son langage non indexical...

Bar-Hillel exprime sa conviction : l'investigation des langages indexicaux et la mise en place de langages indexicaux sont des tâches urgentes pour les logiciens contemporains. La première de ces tâches appartient à la *pragmatique descriptive* et la seconde à la *pragmatique pure*.

Parmi les problèmes de communication qui accompagnent l'usage de langages indexicaux, le plus important est sans doute celui-ci : le contexte pragmatique, qui est connu du producteur d'une expression, et qui n'est pas formulé explicitement mais tacitement assumé comme compris dans tout acte de communication, peut n'être pas reçu de la même manière par le récepteur. On oublie en général la dépendance à l'égard du contexte pragmatique. On la sous-estime, ou on la tient pour assurée, et c'est ainsi que naissent beaucoup de malentendus. En outre, la « profondeur » de contexte pragmatique qu'il est nécessaire de connaître varie elle-même avec les situations ; on ne peut même lui assigner un ordre linéaire de progression. N'oublie-t-on pas que la langue est un élément majeur du contexte ? Comparer votre *compréhension* de « *Nine* » et de « *Nein* » suivant votre *savoir* quant à la langue utilisée...

### III. — **Pragmatique indexicale ou sémantique indicielle ? La thèse de Paul Gochet** (7)

Le traitement par Paul Gochet de la pragmatique du premier degré est parcouru par une tension, et est porteur d'un enjeu. La question est la suivante : la pragmatique du premier degré doit-elle être conçue comme un prolongement de la sémantique ? On aurait alors une continuité théoriquement satisfaisante. Ou bien doit-on concevoir une pragmatique formelle autonome dès le premier degré ? La thèse soutenue par Gochet est que ceux qui ont voulu la concevoir comme un prolongement de la sémantique ont échoué, et qu'il faut la concevoir comme autonome.

1. Parmi les indexicaux, c'est la question du temps des verbes, qui retient l'attention de Gochet. Prior avait déjà constitué une logique des temps en ajoutant à la syntaxe des opérateurs temporels. Cette logique temporelle a été au début un simple prolongement de

(7) Paul Gochet, Pragmatique formelle : théorie des modèles et compétence pragmatique, *in* H. Parret éd., Le langage en contexte, Amsterdam, Benjamins, 1980. Lire également How to combine speech act theory with formal semantics, *in* Possibilities and Limitations of Pragmatics, ibid., 1981.

la logique modale sans incidence sur la pragmatique. On a ensuite enrichi le modèle apte à y correspondre par l'introduction d'un ensemble de points ou indices temporels et d'une relation définie sur cet ensemble. Soient : T et $\leqslant$. On ne peut pas ne pas noter le parallèle entre moments du temps et mondes possibles : tous deux fonctionnent comme des indices dont dépend l'extension d'une proposition.

[1] Il sera vrai qu'il pleut,

s'analyse en

[2] Il pleut dans un état du monde postérieur au présent,

de même que

[3] Il est possible qu'il pleuve,

s'analyse en

[4] Il pleut dans un monde possible.

L'intérêt de l'introduction des mondes possibles pour le traitement des modalités a été mis en évidence par Hintikka (1973) : « En marchant d'un monde à ses alternatives, nous pouvons réduire les conditions de vérité des énoncés modaux aux conditions de vérité des énoncés non modaux. » Au modèle des calculs modaux conçu par Kripke, quadruple ordonné

$\langle D, f, W, r \rangle$

où D désigne un domaine d'objets ;
$f$ désigne une fonction d'interprétation qui assigne aux constantes individuelles des individus, aux constantes prédicatives des ensembles d'individus ou de couples, ou de trios, ordonnés d'individus ;

W désigne un ensemble de mondes possibles ;
*r* désigne une relation d'accessibilité sur cet ensemble ;

on ajoutera T et $\leqslant$ définis tout à l'heure, de manière à obtenir le sextuple ordonné :

$$\langle D, f, W, r, T, \leqslant \rangle.$$

L'enrichissement du modèle se poursuivra avec l'adoption de coordonnées spatio-temporelles et d'indices désignant l'agent, puis les interlocuteurs. Dana Scott a proposé, en 1970, un tel enrichissement. Or la difficulté de pareille approche vient de l'impossibilité de contrôler la prolifération des coordonnées que l'on estimera devoir prendre en considération. Ainsi Lewis dresse une première liste de huit. Il entend par *indice*...

> « ... tout octuple dont la première coordonnée est un monde possible, la deuxième un moment du temps, la troisième un lieu de l'espace, la quatrième une personne (ou quelque autre créature capable de faire office de locuteur), la cinquième un ensemble d'interlocuteurs, la sixième un ensemble (éventuellement vide) d'objets concrets susceptibles d'être montrés du doigt, la septième un segment de discours (contexte verbal), et la huitième une séquence infinie de choses... » (1972).

Peut-être convient-il d'ajouter une coordonnée des « objets proéminents » vers lesquels l'attention des interlocuteurs est dirigée ? Qui plus est, toute phrase contenant une expression indéterminée mais déterminable par le contexte obligera à ajouter de nouveaux indices.

Parmi les coordonnées, Lewis distingue les *coordonnées d'assignation*, celles qui donnent la valeur d'une variable qui peut apparaître libre dans des expressions telles que *x* est grand, ou fils de *y*, et celles qui apparaissent déjà dans les modèles du calcul non modal des prédicats, et les *coordonnées contextuelles* qui spécifient le locuteur, l'auditeur, le moment et le lieu de l'élocution.

Ramener les coordonnées contextuelles à des coordonnées d'assignation a paru à Lakoff un bon moyen pour freiner la prolifération des premières, et même pour les éliminer. L'hypothèse performative lui permet de réduire par exemple une phrase à l'impératif à une phrase à l'indicatif, le verbe devenant un prédicat pourvu de plusieurs arguments.

Or la réduction de la pragmatique à la sémantique appelle plusieurs objections. En premier lieu la complication des prédicats à *n* places devient vite très lourde. Ensuite cette réduction méconnaît le fait que, dans les langues naturelles, les coordonnées d'assignation sont elles-mêmes contextuelles. Non seulement le contexte varie avec les interlocuteurs mais encore les traits pertinents du contexte dépendent de la signification des phrases. Comme l'affirme excellemment Paul Gochet,

> « l'idée qu'il existe un processus accumulatif par lequel on sollicite sans cesse de nouvelles coordonnées repose sur l'idée que l'information *textuelle* et l'information *contextuelle* sont deux sortes d'informations indépendantes qui s'additionnent pour donner la signification globale. Or cette idée est fausse. La portion pertinente du contexte n'est pas indépendante du texte ».

Il convient donc d'aménager le recours à la théorie des modèles en évitant la réduction du pragmatique au sémantique et en préservant l'autonomie de la pragmatique. C'est, selon Gochet, ce que rend possible l'innovation de Cresswell (1973) : le contexte est conçu comme une propriété des élocutions *(utterances)*.

2. Une autre tentative doit retenir l'intérêt.

On trouve chez le linguiste Benveniste une remarquable mise en évidence de la dimension indexicale du temps tel qu'il est marqué dans la langue et dans le discours. Il ne s'agit en effet ni du temps physique (continu, uniforme, linéaire, segmentable à volonté) ni du temps de la chronique (le temps du calendrier et de l'histoire) mais bien du temps linguistique, qui a ceci de singulier « qu'il est organiquement lié à l'exercice de la parole, qu'il se définit et s'ordonne comme fonction du discours ». Le temps a son centre — un centre générateur et axial ensemble — dans le présent de l'instance de parole. Les moments du temps ne sont donc pas situés par la langue selon leur position propre, « mais seulement comme points vus en arrière ou en avant à partir du présent ». C'est que la langue doit par nécessité « ordonner le présent à partir d'un axe, et celui-ci est toujours et seulement l'instance de discours ». A partir de là une distinction fine est introduite par Paul Gochet : le rapport au moment de la parole, c'est l'indexicalité ; le rapport à un point d'évaluation distinct du présent et fixé par le contexte, c'est la pragmaticité. Vlach, disciple de Kaplan, utilise des notions analogues pour rendre compte de l'usage anaphorique de « maintenant ». Gabbay donne une idée de l'importance de la théorie des modèles pour l'étude du temps linguistique. Les modèles pragmatiques doivent être liés aux occurrences pour tenir compte de la temporalité de la parole.

Enfin il ne faut pas oublier que *certains indexicaux sont aussi des embrayeurs*, des *shifters*. Ce sont les pronoms personnels. Ils font partie, comme l'a noté Benveniste, de l'appareil formel de l'énonciation. Ils sont la marque de la subjectivité dans la langue. Apparemment il s'agit de deux entreprises différentes : identifier existentiellement qui dit « je » ou qui est « tu » dans tel ou tel propos proféré ; et mesurer la portée pour la définition de la subjectivité en général d'avoir à se déclarer dans la langue par ces marques. Le concept de *rétroréférence* forgé par Francis Jacques dans les *Dialogiques* réussit à associer les deux points de vue : indexicalité et énonciation.

### IV. — Le contexte : diversification ou unification ?

Le contexte, on l'aura compris, est un concept central et caractérisant pour la pragmatique (8). La difficulté est de savoir où il commence et où il finit. On a vu qu'il « s'élargissait » au fur et à mesure que l'on passait d'un degré à l'autre de la pragmatique (*supra*, pp. 46-48). Et qu'à l'intérieur du premier degré il frôlait une périlleuse obésité. Il apparaît donc souhaitable d'une part de lui assigner des limites et d'autre part d'établir une typologie. Nous verrons d'abord une tentative fondée sur une vue relativement informelle et qualitative, qui donne quatre types de contexte. Puis la perspective d'un concept unifié du contexte, adossé aux mondes possibles, à partir d'un traitement formel et extensionnel de la pragmatique.

1. **Une typologie quadripartite** (9). — Elle consiste à distinguer :

A) *Le contexte circonstanciel, factuel, existentiel, référentiel.* — C'est l'identité des interlocuteurs, leur environnement physique, le lieu et le temps où les propos sont tenus. Tout ce qui fait partie de l'étude des indexicaux. L'objet de la pragmatique selon Bar-Hillel et Montague. Ce contexte est celui qui contient les individus existant dans le monde réel.

Une remarque : dès qu'à l'intérieur de l'entretien lui-même (et non à titre de tiers examinant du dehors le texte de l'entretien), on cherche à déterminer l'objet d'une référence, d'autres aspects

(8) A son sujet, Max Black parle de « contextique ». Hermann Parret ne voit pas de meilleure manière de classer les types de pragmatique que de se fonder sur les types de contexte estimés pertinents par chacune. Cf. Hermann Parret, art. « Pragmatics », *in* Th. A. Sebeok éd., Encyclopedic Dictionary of Semiotics, 1983.

(9) Françoise Armengaud, Eléments pour une approche pragmatique de la pertinence, *in* Philosophica, Gand, n° 29, 1982.

de la contextualité interviennent, notamment C et D, comme l'a montré Jacques sur l'exemple du dialogue en quête de référence.

B) *Le contexte situationnel ou paradigmatique.* — On passe de quelque chose de purement physique à quelque chose de culturellement médiatisé. La « situation » est qualifiée et reconnue socialement comme comportant une ou plusieurs finalités, et un sens immanent partagé par les protagonistes appartenant à une même culture. Les pratiques discursives s'insèrent dans des situations définies tantôt tacitement tantôt par proclamation spécifique. Les propos tenus y font sens, et, transplantés dans une autre situation, ils cessent de faire sens et paraissent incongrus. Exemples de contextes situationnels : une célébration liturgique, un marchandage d'affaires, une discussion entre parlementaires en séance publique, un flirt, un assaut de mauvaises plaisanteries entre amis, un dialogue référentiel entre Sherlock Holmes et le Docteur Watson, une palabre africaine, une confidence sur l'oreiller (10). L'équivalent oral du « genre » en littérature. Le contexte situationnel détermine des rôles illocutionnaires plus ou moins institutionnalisés, comme l'a montré Austin dans l'analyse des requisits de l'accomplissement d'un acte performatif. Le concept de contexte situationnel tel que nous venons de l'évoquer présente plusieurs difficultés. L'une d'entre elles est que les pratiques discursives en situation sont aussi nombreuses que les jeux de langage wittgensteiniens et que les formes de vie auxquelles ces derniers sont liés. Ne reste plus alors que la ressource de multiplier les descriptions.

C) *Le contexte interactionnel.* — Entendons par là l'enchaînement des actes de langage dans une séquence interdiscursive. Les interlocuteurs tiennent des rôles proprement pragmatiques : proposer, objecter, rétracter. Un acte de langage en appelle un autre, mais spécifié selon une certaine contrainte séquentielle. L'enchaînement des actes de langage est quelque chose de réglé.

D) *Le contexte présuppositionnel.* — Il est constitué par tout ce qui est également présumé par les interlocuteurs. Leurs présuppositions, c'est-à-dire leurs croyances. Aussi leurs attentes et leurs intentions. Au sens strict défini par Robert Stalnaker (1972) et

(10) Cela correspond à ce que Blanche-Noëlle Grunig appelle « l'ancrage situationnel large » : c'est « un *cadre social* déterminé ». Cela peut aller « de l'institution officielle (*tribunal*, où se déroule un interrogatoire ou une plaidoirie ; *hôpital*, où est dirigé un entretien soignant-soigné ; *meeting* dans lequel s'ancre une harangue ; *école* où maîtres et élèves dialoguent, etc.) aux mille scènes de la vie quotidienne qui seraient caractérisables comme routines à forme fixe : *au restaurant* »... Cf. B.-N. Grunig, Plusieurs pragmatiques, *in* DRLAV, n° 25, 1981.

repris par Francis Jacques (1979), c'est le contexte épistémique des croyances soit déjà communes aux interlocuteurs (et là on s'achemine doucement vers les assomptions contextuelles de Searle, vers le savoir encyclopédique, vers la culture), soit, et c'est là le sens opératoire pour des analyses particulières, les croyances devenues progressivement communes aux interlocuteurs parce qu'ils se les sont communiquées au cours de l'entretien.

N. B. Le contexte *situationnel* fournit des critères de pertinence culturelle (ici il est indécent de dire d'un enfant qu'il est beau, par peur du mauvais œil ; là il est indécent de ne pas faire compliment de la beauté d'un enfant ; ici il est indécent de demander un rabais ; là il est indécent d'acheter sans marchander). Selon les exigences de la contextualité *interactionnelle*, tel acte de langage est pertinent pour ce qui est suivre tel acte de langage initial. Ainsi après une objection on attend soit une réfutation, soit une reconnaissance du bien-fondé de l'objection. En contexte *présuppositionnel*, la pertinence consiste à respecter les présuppositions devenues communes aux interlocuteurs, *i.e.* à ne pas les contredire et à ne pas les répéter.

## 2. Un concept unifié : l'ensemble-contexte. Stalnaker et Jacques.

Rappelons la définition de la pragmatique adoptée par ces deux chercheurs : la pragmatique est l'étude de la dépendance des propositions à l'égard du contexte. La présupposition primordiale de cette pragmatique est qu'il y a un concept simple et unique du contexte. *Le contexte dont dépendent les phrases est le même qui sert à analyser les actes de langage et dans lequel les règles d'une logique de la conversation sont énoncées.* Ce concept de contexte unifié permet le développement d'une pragmatique pure dont l'objet est de traiter ce qui dans les langages naturels relève des conditions générales de la communication.

A) *Le contexte évolue en même temps que le discours.* — Chaque acte de langage change le contexte. Par exemple la question met l'interlocuteur en demeure de répondre. L'objection appelle réponse. Le contexte ainsi modifié affecte à son tour ce qu'il est approprié de dire. *Le contexte est l'effet des actes de langage antérieurs et la cause des actes de langage ultérieurs.*

B) *Le concept de contexte prend rigueur et consistance en s'adossant à la notion de monde possible.* — La sémantique des mondes possibles (notés m.p.) est un cadre qui convient à la pragmatique. Il s'agit d'étendre au-delà du monde réel des alternatives d'univers. On peut appliquer les valeurs de vérité aux énoncés modaux : « Il est nécessaire que *p* » = « *p* est vrai dans tous les m.p. » ainsi qu'aux énoncés de croyance. « Flossie croit que *p* » = « *p* est vrai dans tous les m.p. compatibles avec la croyance de Flossie ». Une proposition devient définie comme un ensemble particulier de m.p., ceux où le contenu propositionnel est vrai. Une proposition est une fonction qui a pour ensemble de départ les m.p. et pour ensemble d'arrivée les valeurs de vérité Vrai et Faux. C'est plus exactement une application qui envoie les m.p. sur $\{V, F\}$. Ce qui veut dire que pour exprimer une proposition il est indispensable de distinguer parmi les possibilités. Cette capacité est essentielle chez le locuteur. *L'ensemble des mondes possibles pertinents dans une situation donnée est l'ensemble-contexte.*

Chapitre III

# LA PRAGMATIQUE DU SECOND DEGRÉ SENS LITTÉRAL ET SENS COMMUNIQUÉ

> Ces questions qui sont des ordres, ces constatations qui sont des menaces, ces explications qui sont des excuses...
>
> Blanche-Noëlle Grunig

Selon le programme de Hansson, la pragmatique du second degré est « l'étude de la manière dont la *proposition exprimée* est reliée à la *phrase prononcée*, là où, dans les cas intéressants, la proposition exprimée doit être distinguée de la signification littérale de la phrase ». Comment passe-t-on du premier degré au second ? A la source de la pragmatique du second degré se place la généralisation opérée par Stalnaker sur le premier degré. C'est l'élargissement de la notion de contexte : du contexte de localisation et d'identification des référents et des agents, au contexte entendu comme « ce qui est présumé » par les interlocuteurs. De même que le contexte de localisation intervient pour lever l'ambiguïté systématique des indexicaux comme dans « Tout est en ordre ici », de même le contexte élargi intervient pour lever des ambiguïtés dans des phrases qui, sans contenir des indexicaux, expriment cependant des propositions différentes selon le contexte. Reprenons un exemple devenu classique :

— Que cherche don Juan ?
— Il cherche une épouse.

Entre l'interprétation : « Il cherche à se marier » et l'interprétation « Il existe une femme mariée qu'il recherche », c'est le contexte, c'est-à-dire en l'occurrence ce que chacun sait de don Juan, qui permet d'opter pour la seconde.

La distinction fondamentale ici est entre sens littéral et sens exprimé. Ne mettons pas cette distinction en question pour l'instant. Notons cependant qu'elle peut être enrichie de plusieurs manières (1). Le sens littéral se distingue aussi du sens figuré ou métaphorique. Le sens ouvertement exprimé se distingue du sens insinué. Ce qui est asserté n'est pas ce qui est présupposé.

## I. — Présuppositions et implicatures

1. **La présupposition.** — On connaissait depuis longtemps la relation logique d'implication entre énoncés. Dire qu'un énoncé en implique un autre, c'est dire qu'il serait contradictoire d'affirmer le premier et de nier le second. Soit, dans le symbolisme usuel :

$$(P \supset Q) \equiv \sim (P . \sim Q).$$

Distinguée de l'implication, la présupposition est ainsi définie par Strawson en 1952 : on dit qu'un

(1) Le point de vue de Hansson est strict : il parle d'un trajet phrase → proposition. Ce que nous examinons dans ce chapitre déborde évidemment le programme de Hansson pris au sens strict. Ce qui peut y autoriser est la commune distinction entre sens littéral et sens communiqué. Les actes de langage indirects sont aussi à examiner de ce point de vue.

énoncé en présuppose un autre si la vérité de ce dernier est une précondition de la vérité du premier. Ainsi

[1] Tous les chats d'Arnaud font la sieste,

présuppose

[2] Arnaud a des chats;

et

[3] Clodomir regrette d'avoir empoisonné un rat,

présuppose

[4] Clodomir a empoisonné un rat.

Et encore, si je dis :

[5] Même Albert a apprécié la pièce,

je présuppose que tout le monde a apprécié la pièce, et je laisse entendre (ce qui est une autre affaire) qu'Albert est un critique particulièrement difficile. On comprend aisément que le phénomène de la présupposition donne occasion de *faire entendre*, sans prendre la responsabilité d'en communiquer intentionnellement la teneur, quantité de contenus propositionnels. Les conversations quotidiennes sont pleines de propos comme

— J'ai dû laisser ma Porsche au garage,

destinés à faire savoir, négligemment, que l'on est l'heureux possesseur d'un petit bolide musclé.

L'on peut également, et le procédé ressortit alors à la rhétorique, formuler dans le discours, à titre de présupposition, ce que l'on veut soustraire à la discussion. Présupposer est une forme de violence, comme l'indique bien le proverbial couple de propos suivants :

— A quelle sauce voulez-vous être mangé ?
— Mais je ne veux pas être mangé...

2. Une autre relation, apparentée, est décrite par Grice. C'est l'*implicature*. Elle correspond, en langage ordinaire, à la suggestion et à l'insinuation. Grice distingue les implicatures conversationnelles ou discursives et les implicatures conventionnelles ou lexicales.

Exemple d'*implicature conversationnelle ou discursive* : recommander, dans une lettre adressée à un collègue, un étudiant en biologie, en vantant sa ponctualité et sa belle écriture, est une pure traîtrise de la part d'un professeur ! C'est laisser comprendre sans vouloir l'affirmer explicitement que cet étudiant est un fort médiocre chercheur... Ce type d'insinuation, qui prend place dans le discours, est appelé par Grice implicature discursive. Elle possède deux propriétés remarquables : elle est *hors* signification, et elle est *en* contexte.

En effet l'implicature ne fait pas partie de la signification des expressions utilisées (« calligraphe ponctuel » ne *signifie* pas « médiocre chercheur »). On voit donc que l'implicature dépend étroitement du contexte pris au sens large, avec présence d'une finalité. Recommander un sonneur de cloches en louant sa ponctualité ne prête ni à implicature ni à rire. Autre indice de dépendance à l'égard du contexte, entendu alors comme le « texte » qui suit : cette implicature est annulable. La suite d'un texte peut en effet annuler l'implicature que le texte aurait suscitée s'il était resté sans suite. Dans l'exemple retenu, on pourrait avoir : « X est ponctuel, calligraphe, et... remarquablement inventif ! » L'implicature subsiste à travers la substitution d'expressions synonymes : elle n'est pas détachable. L'implicature peut enfin se révéler fausse sans que la proposition porteuse s'en trouve altérée dans sa valeur de vérité. On peut imaginer le professeur destinataire apprenant ultérieurement que le jeune chercheur qu'il n'a pas engagé est en fait très doué, et accusant son collègue de l'avoir « trompé ». Ce dernier peut fort bien répliquer (avec quelque mauvaise foi malgré tout !) : « Mais je vous assure qu'il est *vraiment* très ponctuel et que son écriture est superbe ! » Peut-être ajoutera-t-il : « C'est *vous* qui avez tiré de ce que je vous ai écrit une fausse implicature ! »

L'implicature n'a de lien ni avec les valeurs de vérité, ni avec la forme linguistique. Elle n'est ni logique au sens strict, ni linguistique. Elle est discursive et contextuelle. Elle réside dans ce qui est « pensé » à partir à la fois de ce qui est dit, et de la situation où cela est dit, situation qui n'est pas celle du seul locuteur, mais la situation commune aux deux (ou à plusieurs) interlocuteurs.

La décision prise par Grice de tenir l'activité discursive pour une activité rationnelle rend plausible la formulation de son célèbre Principe de Coopération et des maximes subséquentes. Ces dernières fournissent les prémisses manquantes au syllogisme elliptique (enthymème) dont l'implicature est en général la conclusion. Voici le *Principe de Coopération* :

« Faites votre contribution à la communication de la manière qui est requise par le but reconnu de la communication dans laquelle vous êtes engagé et au moment opportun. »

Les participants à un échange verbal sont tous présumés se conformer à un tel principe. Présomption fondamentale et générale pour toute compréhension des propos tenus. Ce n'est pas seulement la norme, c'est ce qui est premier et constitutif, et à partir de quoi les écarts pourront être perçus. Grice a monnayé ce principe en quatre maximes, dont la distribution et la dénomination sont empruntées à la table des jugements de Kant. Elles spécifient le principe en question selon les rubriques reconnues par Kant comme présidant à nos jugements :

1) *Maxime de quantité :* « Rendez votre discours

aussi riche d'information(s), mais pas davantage, qu'il est requis pour le but de la communication. »

2) *Maxime de qualité :* « Ne dites pas ce que vous croyez faux, ni ce pour quoi vous manquez de preuve suffisante. »

3) *Maxime de relation :* « Soyez pertinent ! »

4) *Maxime de modalité :* « Soyez clair, sans équivoque, bref et ordonné. »

On a donc une maxime de stricte informativité, une maxime de sincérité, une maxime de pertinence, et une maxime de bonnes manières.

Ces maximes demeurent généralement informulées. Elles constituent moins des prescriptions directes que le fond tacite à partir duquel s'interprète toute communication. A ce titre, leur usage est plutôt indirect. Elles ne sont pas loin, à mon avis, de constituer un appareil de règles herméneutiques pour le discours quotidien.

De quelle manière ?

Dans un entretien on présume ordinairement que les locuteurs les suivent. Dès qu'une infraction apparaît, il semble que la réaction première ne soit pas d'accuser le partenaire d'avoir commis une infraction. Notre comportement linguistique est quelque chose de plus subtil et de plus complexe ! La réaction ordinaire est plutôt de faire l'hypothèse que s'il y a infraction *littérale*, par contre, au niveau du *sens transmis*, il n'y a pas infraction. L'implicature est ce qu'il faut ajouter pour rétablir l'observance de l'ensemble des maximes. Une infraction ouverte déclenche chez l'auditeur une recherche, à partir de la double présomption :

1) que le locuteur par principe respecte les maximes,
2) qu'en l'occurrence il ne pouvait toutes les respecter en même temps ; qu'à l'infraction « ouverte » à

l'une des maximes correspond le respect « tacite » d'une autre.

Si l'on me demande combien de temps met l'affût du canon pour refroidir, et que je réponde : « Un certain temps », je donne moins d'information que ce qui m'était demandé. Ma réponse constitue une infraction à la première maxime gricéenne, la maxime de quantité. Cette infraction « ouverte » a une face cachée, qui est mon respect de la seconde maxime, la maxime de sincérité. Je ne pouvais donner d'information précise *à bon escient*. C'est non pas ma mauvaise volonté mais mon ignorance qui est révélée. Telle est la conclusion (implicature) que doit tirer un auditeur normal...

L'implicature conversationnelle est à la base du procédé communicatif par *sous-entendu*. Pour sous-entendre que *q* (que l'on ne veut pas dire ouvertement pour telle ou telle raison), il suffit de tenir un propos *p* — n'importe lequel fait l'affaire, *pourvu que p* implique conversationnellement *q*. Il y a sous-entendu selon Grice, quand l'auditeur peut faire le raisonnement suivant :

> « Le locuteur a dit que *p* ; il n'y a pas de raison de supposer qu'il ne respecte pas, dans la mesure du possible, les principes de la conversation ; en l'occurrence, il ne les respecte dans la mesure du possible que si *q* ; il sait (et sait que je sais qu'il sait) que je puis m'apercevoir que la supposition que *q* est requise pour continuer à présumer qu'il respecte les principes conversationnels ; il n'a rien fait pour m'empêcher de penser que *q* ; il me laisse donc entendre que *q* » (*op. cit.*, 1975).

L'implicature conversationnelle n'est autre que l'hypothèse par où l'harmonie est rétablie dans le monde de la parole coopérative. L'aptitude de l'auditeur à forger une telle hypothèse n'est autre que son aptitude à recevoir l'information implicite que le locuteur ne veut pas fournir explicitement. C'est l'aptitude à entendre le sous-entendu (2).

3. **Les implicatures conventionnelles ou lexicales.** — Elles ont pour support la langue, le lexique, c'est-à-dire des significations conventionnellement attachées aux mots. Y a-t-il là matière à implicature ? Ne rejoignons-nous pas le lot commun de toutes les significations ? Quelques exemples nous convaincront de leur réalité :

(*a*) Didier, mon collègue et *néanmoins* ami...
(*b*) Marie est enceinte *mais* Joseph en est ravi...

(*a*) a pour implicature — stéréotypée — qu'il ne va pas de soi qu'un collègue soit un ami.

(*b*) a pour implicature, à partir de *mais*,

— ou que Marie, *elle*, n'en est pas ravie ;
— ou que le locuteur ne s'attendait pas à ce que Joseph soit ravi ;
— ou que le locuteur, *lui*, n'en est pas ravi.

Seul le contexte permettrait de dire laquelle de ces implicatures est exacte.

L'implicature conventionnelle ou lexicale se distingue de la présupposition sémantique en ce qu'elle ne contribue pas aux conditions de vérité des phrases. Ainsi du point de vue de la logique de la vérité,

(*a*) revient à (*a'*) Didier, mon collègue *et* ami...
(*b*) revient à (*b'*) Marie est enceinte *et* Joseph en est ravi...

L'insinuation est véhiculée conventionnellement. De ce fait découlent les propriétés de l'implicature conventionnelle ou lexicale :

— elle n'est pas annulable par la suite du texte ;
— elle n'est pas liée au contexte (seul le choix entre

(2) Pour une distinction entre sous-entendre, donner à entendre et laisser entendre, voir François Récanati, Les énoncés performatifs, Paris, Minuit, 1981, p. 148 sq.

plusieurs implicatures lexicalement possibles relève du contexte) ;

— elle ne subsiste pas dans la substitution d'expressions synonymes ; elle est détachable (3).

## II. — Sens littéral et sens en contexte. Le point de vue de Searle

Le problème des frontières entre sémantique et pragmatique s'est particulièrement aiguisé dans la controverse autour de l'idée de sens littéral et de contexte nul (4). Searle a soutenu sur ce point des thèses apparemment extrémistes. L'essentiel de ce que dit Searle porte en fait sur les conditions d'application du concept de sens littéral. Ce qu'il soutient, c'est que le sens littéral d'une phrase est non pas inexistant mais relatif à des assomptions préalables, qu'il appelle assomptions contextuelles. Cela en dehors de tout ce qu'on reconnaît habituellement comme dépendance au contexte : indexicalité, etc.

Le propos de Searle est la mise en question de l'idée « selon laquelle il est possible, pour toute phrase, de concevoir le sens littéral de cette phrase indépendamment de quelque contexte que ce soit. Je soutiendrai que *la notion de sens littéral d'une phrase ne trouve en général à s'appliquer que relativement à un ensemble d'assomptions contextuelles ou préalables*... La conception que j'attaquerai s'exprime parfois en disant que le sens littéral d'une phrase est le sens que cette phrase a dans un « contexte zéro », ou dans un « contexte nul » ».

(3) A partir de là, et pour poursuivre l'étude, deux voies sont ouvertes : abonder dans le sens de Grice et approfondir en finesse — c'est souvent le choix français — ou marquer les limites de Grice, en esprit de géométrie — c'est l'option de Thomason, Karttunen, Peters, Gazdar, Gochet, avec l'utilisation de la théorie des modèles.

(4) Quelques textes jalons : J. R. Searle, Literal meaning, Erkenntnis, 1978, repris *in* Expression and Meaning, 1979, traduit en français par François Latraverse pour le num. spécial « La pragmatique » de Langue française, mai 1979 ; J. R. Searle, The background of meaning, *in* Speech Act Theory and Pragmatics, 1980 ; Oswald Ducrot, Les lois de discours, *in* Langue française, op. cit. Pour une critique de ces conceptions, cf. Marcelo Dascal, Contextualism, *in* Possibilities and Limitations of Pragmatics, Amsterdam, Benjamins, 1981.

La stratégie suivie par Searle consiste à considérer des phrases qui semblent être des cas favorables à l'idée selon laquelle le sens littéral est indépendant du contexte et à montrer que dans chaque cas l'application de la notion de sens littéral d'une phrase est relative à un ensemble d'assomptions contextuelles.

*Analyse de la phrase : « La chatte est sur la natte »* (5)

1) Cette phrase contient des éléments indexicaux : à quelle chatte, à quelle natte, faisons-nous référence ? où et quand disons-nous de la chatte qu'elle gît sur la natte ? « Mais ces traits de dépendance contextuelle, écrit Searle, — présupposition et indexicalité — se trouvent déjà réalisés dans les éléments sémantiques de la phrase », et, s'il se trouvait qu'ils ne soient pas clairs dans une énonciation particulière, nous pourrions soit ajouter d'autres éléments indexicaux, soit leur substituer des descriptions.

2) Cette phrase comporte un sens descriptif constant que les éléments indexicaux embrayent sur des contextes spécifiques dans des énonciations spécifiques. Ce contenu descriptif constant détermine les conditions de vérité de la phrase. Searle représente ce contenu descriptif par un dessin :

Fig. 1. — D'après J. R. Searle, Expression and Meaning, Cambridge University Press, p. 121.

Si les choses sont en accord avec cette représentation nous sommes enclins à dire que la chatte est sur la natte ; autrement non.

Les situations loufoques imaginées ensuite par Searle visent à mettre en évidence la dépendance contextuelle du mot « *sur* » tel qu'il apparaît dans la phrase étudiée. Elles doivent être considérées comme des exemples de la dépendance contextuelle de l'applicabilité du sens littéral de la phrase.

Première fiction : supposons que la chatte et la natte se trouvent exactement dans la relation représentée, à ceci près qu'elles flottent toutes deux librement bercées par la musique des sphères dans l'espace sidéral, aux confins de quelque nébuleuse... La chatte

(5) En anglais : « *The cat is on the mat.* »

est-elle toujours sur la natte ? On voit que la notion d'un sens littéral de la phrase « la chatte est sur la natte » n'a une application claire que si nous faisons quelques assomptions supplémentaires pour le cas où chattes et nattes font procession dans l'espace céleste. Si quelqu'un rétorque que ces assomptions pourraient être rendues claires comme conditions de vérité supplémentaires de la phrase, tout ne serait pas joué. En effet, pour Searle, même si nous parvenions à représenter les assomptions concernant les champs de gravitation comme une partie du contenu sémantique de la phrase, il resterait encore un nombre indéfini d'assomptions contextuelles. Comme le montre ce qui suit.

Seconde fiction : supposons que la chatte et la natte se trouvent à la surface de la terre dans la relation représentée dans la figure 1, mais de telle façon que la chatte et la natte soient suspendues par des fils invisibles, comme des marionnettes, et que la chatte soit en contact avec la natte mais sans peser sur elle. La chatte est-elle toujours sur la natte ? Il semble encore que la question n'ait pas de réponse claire ; le sens de la phrase « la chatte est sur la natte » ne s'applique pas nettement dans le contexte ainsi spécifié. Il ne détermine pas un ensemble clair de conditions de vérité.

Troisième fiction : supposons que la natte est raide comme une planche et fichée dans le sol ; la chatte a été droguée ; elle est dans un état cataleptique et placée par rapport à la natte dans la position suivante :

Fig. 2. — D'après J. R. Searle, Expression and Meaning, Cambridge University Press, p. 124.

A nouveau la question « la chatte est-elle sur la natte ? » n'a pas de réponse claire...

## III. — Sens littéral et sens argumentatif. Le point de vue de Ducrot

Avec Oswald Ducrot, le débat est tranché sur le vif. Il est fort sceptique devant la séparation traditionnelle entre la sémantique et la pragmatique (6). Selon lui, pour la détermination du sens, il convient de prendre en considération aussi bien l'argumentation que l'énonciation. Il faut s'efforcer de voir « comment l'événement que constitue le discours devient créateur de significations ». La notion d'argumentation constitue l'acte linguistique fondamental. D'où l'importance que revêt l'analyse d'un indicateur argumentatif complexe, à savoir la conjonction « mais ». Le « mais » argumentatif ne peut être identifié à la conjonction logique, de même que l'argumentation ne se confond pas avec la déduction logique. Elle a davantage rapport avec les mouvements psychologiques qui accompagnent des inférences inchoatives suggérées. La caractérisation de « mais » par Ducrot se fait à partir de sa valeur argumentative :

« Lorsqu'on coordonne par *mais* deux propositions *p* et *q*, on ajoute à *p* et à *q* les deux idées suivantes. D'abord qu'une certaine conclusion *r*, que l'on a précisément dans l'esprit, et que le destinataire peut retrouver serait suggérée par *p* et infirmée par *q* : autrement dit, *p* et *q* ont, par rapport à *r*, des orientations argumentatives opposées. Ensuite, que *q* a plus de force contre *r* que *p* n'en a en sa faveur : de sorte que l'ensemble « *p* mais *q* » va dans le sens de non-*r*. »

Dire le sens de « mais » n'est donc possible qu'en tenant compte de la situation de discours, c'est-à-dire en se référant aux intentions argumentatives qui guident la parole.

L'argumentation prime sur l'information. Ducrot et Anscombre ont formulé ensemble cette thèse : non seulement la valeur argumentative d'un énoncé est indépendante de son contenu informatif, mais encore elle est susceptible de déterminer ce contenu. Nouvelle raison en faveur de la non-séparation entre

(6) Il s'en explique dans un article intitulé Pragmatique linguistique. Essai d'application : « mais » — les allusions à l'énonciation — délocutifs, performatifs, discours indirect, *in* Le langage en contexte, H. Parret éd. Voir aussi Les lois du discours, *in* Langue française, n° 42, mai 1979.

la sémantique qui « serait consacrée aux notions de vérité et de valeur informative », et la pragmatique qui concernerait « l'effet, notamment l'influence argumentative, que la parole prétend posséder ». L'énonciation est une autre instance qu'il faut prendre en considération pour interpréter les paroles prononcées par un locuteur. C'est pourquoi l'énonciation est, pour Ducrot, d' « ordre herméneutique ». Le sens donné au concept d'énonciation est le suivant : c'est l'engagement d'une personne appelée énonciateur à l'égard de la phrase employée. En outre énoncer a un versant allocentrique, non dépourvu, semble-t-il, d'une certaine inéluctable violence, s'il est vrai qu'énoncer, c'est toujours « imposer un contrat à un interlocuteur ». Il y a dans la langue des mots qui marquent l'énonciation. L'attention de Ducrot est attirée par un mot qui a en même temps valeur sur le plan de l'argumentation : le mot « puisque ».

Que le discours vivant soit créateur de signification s'avère encore lorsque l'on étudie le phénomène de la délocutivité. Qu'est-ce que la délocutivité ? Elle consiste en ceci que des expressions désignant des qualités — comme par exemple monseigneur — ou des événements du monde, comme salut, compris comme acte de salutation, sont constituées à partir des actes de parole originels où interviennent ces expressions : le concept « être un monseigneur » est construit par délocution de l'allocution, de l'adresse : « Mon Seigneur ! », de même que le concept de salut se construit à partir de l'adresse : « Salut ! » C'est pour Ducrot un exemple privilégié de la tendance générale à constituer des prédicats à partir de l'accomplissement d'actes d'énonciation. Le dire, souligne Ducrot, est « *constitutif* du dit, et pas seulement, trivialement, *producteur* du dit ».

CHAPITRE IV

# LA PRAGMATIQUE DU TROISIÈME DEGRÉ LA THÉORIE DES ACTES DE LANGAGE

> Le langage ressemble à un explosif en ceci que l'adjonction d'un élément minime peut produire de terribles effets.
>
> Songez à tout ce qui a suivi la profération par Hitler des mots : « La guerre ! ».
>
> Bertrand Russell

La théorie classique des actes de langage prend son point de départ dans la conviction suivante : l'unité minimale de la communication humaine n'est ni la phrase ni une autre expression. C'est l'accomplissement (performance) de certains types d'actes. Le pionnier de cette conviction, le philosophe d'Oxford John L. Austin, a donné une assez longue liste de ces actes, qui fait mieux comprendre ce dont il s'agit qu'une définition abstraite. Voici cette liste : affirmer, poser une question, donner un ordre, promettre, décrire, s'excuser, remercier, critiquer, accuser, féliciter, suggérer, menacer, supplier, défier, autoriser. On comprend tout de suite que la liste pourrait se poursuivre, et on la rapproche de la liste des jeux de langage composée par Wittgenstein. Mais Austin tente d'introduire en ce domaine la systématisation à laquelle pour sa part Wittgenstein se refusait.

En prononçant une phrase, un locuteur accomplit l'un ou l'autre, parfois plusieurs, de tels actes. L'acte lui-même ne doit pas être confondu avec la phrase (ou avec l'expression linguistique quelle qu'elle soit) utilisée dans son accomplissement.

On peut dire que la théorie des actes de langage est une étude systématique de la relation entre les signes et leurs interprètes. Il s'agit de savoir ce que font les interprètes-usagers, quels actes ils accomplissent par l'usage de certains signes. En un sens, rien n'est plus directement pragmatique que cette étude-là. Pourtant, par une ironie de l'histoire, ni Austin ni Searle n'utilisent pour eux-mêmes la dénomination de pragmatique.

Ces actes, dont des exemples ont été donnés dans la liste ci-dessus, ont été appelés par Austin des *actes illocutionnaires* (du latin *in* = dans, et *locutio* = discours ; l'acte illocutionnaire est ce que l'on fait en parlant). Certains sont suffisamment définis par les règles générales du langage. D'autres ont besoin que certaines conditions extra-linguistiques certes, mais encore conventionnelles, soient réalisées : conditions institutionnelles à dimension sociale (ainsi, selon l'exemple classique d'Austin, pour « déclarer une séance ouverte », mieux vaut être le président de séance...). Ces actes illocutionnaires sont classiquement distingués d'autres types d'actes appelés par Austin actes perlocutionnaires et actes propositionnels.

Les *actes perlocutionnaires* sont plus proprement caractérisés en termes d'effets perlocutionnaires. Ce sont les effets produits par nos propos sur nos allocutaires. Entendons les effets qui sont autres que la simple compréhension de ces mêmes propos. Exemples d'effets perlocutionnaires : être convaincu, ému, agacé, intimidé. Actes perlocutionnaires correspondants : convaincre, émouvoir, agacer, intimider. Bien des actes illocutionnaires, à commencer tout simplement par affirmer, sont accomplis afin de produire des effets perlocutionnaires. C'est pourquoi les premières théories behaviouristes du langage ne les distinguaient pas. Mais les théoriciens des actes de langage tiennent pour essentiel de distinguer l'acte illocutionnaire, qui est rigoureusement un acte de langage, de l'obtention d'effets apparemment perlocutionnaires et qui peuvent provenir de moyens qui ne sont pas nécessairement linguistiques (1).

Pourquoi la distinction entre acte illocutionnaire et acte propositionnel ? A l'intérieur de l'acte illocutionnaire, on distingue des actes subsidiaires comme faire référence à un objet, exprimer telle ou telle proposition. Or le même acte de référence, la même expression d'une proposition peut apparaître dans des actes illocutionnaires différents. Par exemple, dans une affirmation, *ou* dans une question. Ainsi dans les propos suivants :

— S'il vous plaît, reprenez de la bourride !
— Vous allez reprendre de la bourride.
— Reprendrez-vous de la bourride ?

la même proposition « que vous allez reprendre de la bourride » est exprimée dans l'accomplissement de trois actes illocutionnaires différents : une requête, une prédiction, une question. Qu'ils soient destinés à produire le même effet perlocutionnaire n'annule pas leurs différences d'actes illocutionnaires.

C'est pourquoi la forme logique de l'acte illocution-

(1) En particulier le comportement gestuel dans son ensemble : voix, rythme, mimique, gesticulation. Cf. E.-T. Hall, La dimension cachée, Paris, Le Seuil, 1971 ; et F. Armengaud, La médiation du corps dans la relation interpersonnelle, *in* Philosophie et relations interpersonnelles, A. Montefiore éd., Presses Universitaires de Montréal, 1973.

naire dans son lien avec un contenu propositionnel a été exprimée par les théoriciens (Searle et Vanderveken) à l'aide du symbolisme suivant :

F(*p*),

où *p* est le contenu propositionnel et F la force illocutionnaire.

Si la notion centrale en ce qui concerne les contenus propositionnels est celle de vérité, la notion correspondante en ce qui concerne les actes illocutionnaires est celle de satisfaction. Par exemple un ordre est « satisfait » lorsque celui à qui l'ordre a été adressé a effectué l'action ordonnée, c'est-à-dire si le contenu propositionnel est devenu vrai de lui.

Les actes de langage ont été examinés par Austin et par Searle à l'état isolé, à des fins de délimitation. Par contre aussi bien Wunderlich que Jacques estiment qu'aucun acte de langage n'est accompli dans l'isolement (2). On rencontre des actes qui sont insérés dans des séquences réglées d'actes. En général une question appelle une réponse, une objection appelle également une réponse, sur le mode de l'explication ou de la réfutation, une proposition appelle l'assentiment ou le dissentiment. Chaque acte de langage au cours d'un entretien est pris dans un tissu de contraintes séquentielles avec un choix limité de « mouvements ». Certains actes de langage prennent l'initiative, c'est le

(2) Par décision méthodologique Searle veut caractériser l'acte illocutionnaire pris isolément, c'est-à-dire sans mentionner l'exécution d'un autre acte de langage par l'interlocuteur. La recherche vise d'abord à isoler l'élémentaire, quitte à chercher ensuite le mode de composition des éléments. A l'inverse, la mise en valeur de l'aspect *séquentiel* des actes de langage a été le fait de Wunderlich, et la mise en valeur de leur aspect *interactionnel* a été le fait de Jacques. Ce dernier écrit : « Il n'est pas possible, quoi qu'en pense Searle, de donner une liste des conditions pour l'exécution d'un acte de langage de la part du locuteur qui ne mentionne pas l'exécution de l'acte de langage de l'allocutaire... La portée interactionnelle ou transactionnelle de l'acte de langage est non moins évidente dans le cas de l'assertion » (Dialogiques, p. 203).

cas des questions et des demandes. D'autres prennent la suite des précédents. C'est le cas des confirmations, des réponses. Les récits, les argumentations, les descriptions, les dialogues sont de grandes unités de séquences d'actes de langage. Leur étude déborde le cadre classique défini par Austin et Searle. Par contre on rejoint l'analyse du discours, l'analyse conversationnelle, et jusqu'à la théorie des genres littéraires.

## I. — Le problème de la classification des actes de langage

1. **La classification des actes illocutionnaires proposée par Austin (1962).** — Austin dénombre cinq catégories, qu'il avance, dit-il, à titre de base de discussion plutôt qu'à titre définitif. Les voici dans une terminologie décalquée de l'anglais au plus près :

— Les « *verdictifs* » : ils consistent à prononcer un jugement (verdict), fondé sur l'évidence ou sur de bonnes raisons, concernant une valeur ou un fait. Exemples : acquitter, considérer comme, calculer, décrire, analyser, estimer, classer, évaluer, caractériser.

— Les « *exercitifs* » : ils consistent à formuler une décision en faveur ou à l'encontre d'une suite d'actions. Exemples : ordonner, commander, plaider pour, supplier, recommander, implorer, conseiller. Egalement : nommer, déclarer une séance ouverte, fermée, avertir, proclamer.

— Les « *commissifs* » : ils engagent le locuteur à une suite d'actions déterminée. Exemples : promettre, faire le vœu de, s'engager par contrat, garantir, jurer, passer une convention, embrasser un parti.

— Les « *expositifs* » : ils sont utilisés pour exposer des conceptions, conduire une argumentation, clarifier l'emploi des mots, assurer les références. Exemples : affirmer, nier, répondre, objecter, concéder, exemplifier, paraphraser, rapporter des propos.

— Les « *comportementaux* » *(behabitives)* : il s'agit des réactions au comportement des autres, aux événements qui les concernent ; ce sont des expressions d'attitudes à l'égard de leur conduite ou de leur destinée. Exemples : s'excuser, remercier, féliciter, souhaiter la bienvenue, critiquer, exprimer des condoléances, bénir, maudire, porter un toast, boire à la santé de. Aussi : protester, défier, mettre au défi de.

On notera avec Searle (1975) un trait saillant qui est également la marque d'une difficulté : il s'agit moins d'une classification d'*actes* illocutionnaires que d'une classification de *verbes* illocutionnaires d'une langue particulière, l'anglais (3) (ou, dans le présent ouvrage, le français, avec des équivalents aussi adéquats que possible, mais nécessairement approximatifs).

Il était difficile de critiquer les classifications proposées et d'en avancer une autre avec suffisamment de garanties sans poser explicitement la question des critères. C'est ce que fait Searle.

## 2. **Les douze critères de Searle pour les actes illocutionnaires :**

1) *Différences quant à la finalité de l'acte.* — Ceci répond à la question « Quel est le point ? ». Le point ou la finalité d'un ordre, c'est d'obtenir que l'allocutaire fasse quelque chose. Pour une description, le point, c'est de donner une représentation (vraie ou fausse) de ce qui est. Le point d'une promesse, c'est que celui qui la prononce prend sur lui l'obligation d'accomplir quelque chose.

(3) Searle se verra adresser un reproche inverse. Notamment par Blanche-Noëlle Grunig. Plus exactement elle reproche à Searle de prétendre classer des actes alors qu'on ne peut (et c'est bien là position de linguiste) classer que des verbes. Elle dénonce une illusion universaliste : « Il est question chez Searle de LA PROMESSE comme ailleurs on considère LE BEAU et le VRAI... Il faut donc, si l'on veut suivre Searle dans sa perspective universaliste, envisager une liste d'appellations pour les actes (Act 1, Act 2, ..., Act *n*) n'ayant plus de rapports privilégiés avec une langue particulière. » Mais selon B.-N. Grunig l'hypothèse universaliste convient mal à la pragmatique linguistique. Cf. B.-N. Grunig, Pièges et illusions de la pragmatique linguistique, *in* Modèles linguistiques, t. 1, fasc. 2, 1979.

Ces éléments étaient appelés par Searle les *conditions essentielles* en 1969 (4). Il faut noter que l'obtention d'un effet perlocutionnaire n'est pas nécessairement partie de la finalité d'un acte illocutionnaire. Searle appelle *point illocutionnaire* la finalité d'un acte illocutionnaire. Le *point* fait partie de la *force* illocutionnaire sans la recouvrir. Ainsi une prière et un ordre peuvent avoir le même « point » : obtenir que X fasse quelque chose ; ils n'ont pas pour autant même « force ».

2) *Différences quant à l'orientation de l'ajustement entre les mots et les choses.* — Il fait partie du point illocutionnaire de certains propos d'ajuster au mieux les mots à la réalité (ou plus exactement le contenu propositionnel au réel). Pour d'autres, il s'agit d'obtenir que le monde se conforme aux mots. Les premiers sont par exemple des assertions, les seconds des promesses ou des ordres. Elisabeth Anscombe a illustré cette différence par l'exemple de deux hommes dont l'un va au marché muni d'une liste de produits (limonade, michettes bien cuites, viande pour le chat...) et l'autre le suit afin de dresser pour un détective la liste de ses emplettes. Au sortir du marché, tous deux auront la même liste en main, mais l'un aura ajusté le monde à sa liste et le second sa liste au monde... Searle appelle cette différence une différence d'orientation de l'ajustement. Il représente l'orientation des mots aux choses par ↓ et l'orientation des choses aux mots par ↑. L'orientation est toujours la conséquence du point illocutionnaire.

3) *Différences touchant les états psychologiques exprimés.* — Celui qui asserte, explique, revendique que *p* exprime la croyance que *p*. Celui qui promet de faire *a*, qui menace de faire *a*, exprime l'intention d'accomplir *a*. Celui qui commande ou supplie Y de faire *a* exprime son désir que Y fasse *a*. Celui qui s'excuse d'avoir fait *a* exprime son regret d'avoir fait *a*, etc. En général, dans l'accomplissement de tout acte illocutionnaire avec un contenu propositionnel, le locuteur exprime son attitude à l'égard de ce contenu propositionnel. Ce, qu'il soit ou non sincère. La marque linguistique doit en être trouvée dans le fait qu'il est linguistiquement inacceptable, quoiqu'à proprement parler ce ne soit pas contradictoire, de joindre certains verbes explicites avec la négation de l'état psychologique correspondant. C'est le fameux paradoxe de Moore : on ne peut dire « *p*, et je ne crois pas que *p* ». Searle le généralise ;

(4) J. R. Searle, Speech Acts, Cambridge University Press, 1969, traduit par Hélène Pauchard, Les actes de langage, Paris, Hermann, 1972 ; et Expression and Meaning, Cambridge University Press, 1979, traduit par Joëlle Proust, Sens et expression, Paris, Minuit, 1982.

on ne peut dire « je promets d'accomplir *p* et je n'ai pas l'intention d'accomplir *p* ». A noter que ceci ne vaut que pour une locution en première personne. On rejoint là la condition de sincérité de l'acte, exposée dans le chapitre 3 des *Speech Acts* en 1969. Les principaux états psychologiques aptes à regrouper le plus grand nombre d'actes illocutionnaires sont : la croyance (assertion, remarque, explication, postulation, déduction), l'intention (promesse, vœu, menace), le désir ou le besoin (demande, ordre, prière, supplication), le plaisir (félicitations, salut de bienvenue).

Ces trois aspects sont les plus importants pour guider une classification. Mais d'autres aspects doivent encore être pris en considération.

4) *Différences dans l'intensité d'investissement ou d'engagement manifesté dans la présentation du point illocutionnaire.* — « Je suggère que nous allions au cinéma » et « J'insiste pour que nous allions au cinéma » ont tous deux le même point illocutionnaire, mais ce dernier est présenté avec une force différente. De même entre « Je jure que c'est André qui a cuisiné cette bonne soupe » et « Je crois deviner que c'est André qui a cuisiné cette bonne soupe ».

5) *Différences de statut ou de position du locuteur et de l'auditeur, dans la mesure où la force illocutionnaire du propos y est sensible.* — Si le général demande au soldat de nettoyer la pièce, c'est selon toute vraisemblance un ordre. Si le soldat demande au général de nettoyer la pièce, ce peut être une suggestion ou une demande, mais certainement pas un ordre. Ce dernier trait correspond à l'une des « conditions préparatoires » de 1969.

6) *Différences dans la manière dont le propos se rapporte aux intérêts du locuteur et de l'auditeur.* — Que l'on s'attarde un peu sur la différence entre vantardises et lamentations, d'une part, félicitations et condoléances, d'autre part. Les premières touchent évidemment les intérêts du locuteur, les secondes ceux de l'auditeur.

7) *Différences dans la relation à l'ensemble du discours, au contexte discursif.* — Il y a des expressions performatives destinées à relier un propos au reste du discours, et à tout le contexte environnant. Ainsi « Je réponds », « Je déduis », « Je conclus », « J'objecte ». Ces expressions sont là pour relier un propos aux propos précédents ou parfois aux propos subséquents. Ces propos sont en général des assertions. Outre l'assertion d'une proposition on indique sa position dans le discours, sa valeur argumentative *hic et*

*nunc* (5). Des connecteurs comme « cependant », « de plus », « en conséquence » accomplissent ces fonctions de mise en relation argumentative.

8) *Différences de contenu propositionnel qui sont déterminées par des marques ou procédés indiquant la force illocutionnaire.* — La différence entre un récit et un compte rendu d'une part, et une prédiction d'autre part, réside en ceci qu'une prédiction doit porter sur le futur tandis qu'un compte rendu peut porter sur le passé ou sur le présent.

9) *Différences entre les actes qui sont toujours des actes de langage, et ceux qui peuvent être accomplis comme actes de langage, mais ne sont pas nécessairement accomplis comme tels.* — Searle prend l'exemple de l'activité qui consiste à classer. On peut dire : « Je classe ceci parmi les A et cela parmi les B. » Mais on peut aussi ne rien dire et se contenter de placer les A dans la boîte réservée aux A, et les B dans la boîte des B. Il en va de même avec les activités d'estimation, de diagnostic, de conclusion. Je puis demeurer silencieux devant un monument tout en estimant sa hauteur, diagnostiquer en mon for intérieur que mon interlocuteur est un schizophrène marginal, ou conclure que mon voisin de compartiment est complètement ivre. Nul besoin d'un acte de langage, même « interne », pour effectuer tout cela.

10) *Différences entre les actes qui requièrent des institutions extra-linguistiques pour leur accomplissement et ceux qui ne le requièrent pas.* — Un grand nombre d'actes illocutionnaires ont besoin d'une institution extra-linguistique, et souvent d'une position ou d'un statut particulier du locuteur et de l'auditeur au sein de l'institution pour être accomplis. C'est ce qu'Austin avait souligné à propos des performatifs. Pour bénir, excommunier, baptiser, prononcer coupable, déclarer hors jeu, déclarer la guerre, il ne suffit pas qu'un quidam s'en fasse l'écho auprès d'un autre quidam. Il faut être un homme en place dans une institution ! Il arrive fréquemment qu'Austin s'exprime comme s'il estimait que tous les actes illocutionnaires étaient de ce type, alors qu'il n'en est rien. Pour promettre que je viendrai demain, je n'ai besoin que de suivre les règles générales du langage, sans faire appel à une institution particulière. D'autre part toutes les différences de statut entre locuteurs

(5) Ce domaine est spécialement étudié par Oswald Ducrot. Dire et ne pas dire, Paris, Hermann, 1972 ; et Les échelles argumentatives, Paris, Minuit, 1980.

ne dérivent pas d'une institution : le cambrioleur armé est en position de donner des ordres (6).

11) *Différences entre les actes où le verbe illocutionnaire correspondant a un performatif et ceux où il n'en a pas.* — La plupart des verbes illocutionnaires ont des usages performatifs — « promettre », « ordonner », « conclure ». Mais on n'accomplit pas un acte de menace, par exemple, en prononçant les mots : « Moi, ce-disant, vous menace »... Il y a des verbes illocutionnaires qui ne sont pas des performatifs.

12) *Différences dans le style d'accomplissement de l'acte illocutionnaire.* — Certains verbes illocutionnaires servent à marquer ce qu'on peut appeler le *style* particulier selon lequel un acte illocutionnaire est accompli. La différence entre faire une proclamation et faire une confidence n'implique pas nécessairement une différence de point illocutionnaire ou de contenu propositionnel, mais seulement de style d'accomplissement.

C'est à partir de ces douze critères que Searle propose sa propre classification des actes illocutionnaires.

3. **La taxinomie de Searle.** — Elle comporte cinq rubriques.

1) *Les assertifs.* — Le « point » des assertifs est d'engager le locuteur (à des degrés divers) à la vérité de la proposition exprimée, à ce que quelque chose soit effectivement le cas. Les valeurs du vrai et du faux sont assignables. Searle propose de symboliser ainsi cette classe d'actes illocutionnaires :

$\vdash \downarrow \mathbf{B}(p)$,

où $\vdash$ est le signe frégéen pour l'assertion,
$\downarrow$ est le signe forgé par Searle pour exprimer l'orientation de l'ajustement des mots au monde,
B (de *Belief*) est là pour la croyance, et *p* pour le contenu propositionnel.

(6) Si d'une certaine manière un philosophe du langage ordinaire comme Austin donne une vision générale du fonctionnement du langage qui l'apparente dans son ensemble à une vaste institution juridique, la perspective d'un sociologue comme Bourdieu est toute différente. Ce sont essentiellement pour lui des rapports de force qui déterminent les positions des interlocuteurs et qui transparaissent dans l'usage des propos et le maniement de la langue (« maîtrise »/dépossession). Cf. Ce que parler veut dire, Fayard, 1982.

Les mots s'efforcent de s'ajuster au réel. L'état psychologique exprimé est celui de la croyance, quel qu'en soit le degré. Un certain nombre de verbes performatifs dénotent des illocutions qui semblent être assignables quant à leur valeur de vérité sans se réduire à de simples assertions. C'est qu'ils comportent des traits de force illocutionnaire qui viennent s'ajouter au « point » illocutionnaire. Ainsi « se vanter » et « se plaindre » dénotent des assertifs, avec ceci en plus qu'ils concernent l'intérêt du locuteur (cf. *supra*, critère 6). « Conclure » et « déduire » sont aussi des assertifs avec en plus l'indication de certaines relations entre l'acte illocutionnaire assertif et le reste du discours ou le contexte de profération.

2) *Les directifs.* — Leur point illocutionnaire consiste en ceci que le locuteur entreprend par eux d'obtenir que l'auditeur fasse quelque chose. Cela peut aller de la timide suggestion à l'impérieuse exigence. Le symbolisme de Searle est le suivant :

$! \uparrow W$ (H accomplit A),

où ! est la marque distinctive des directifs,
$\uparrow$ indique que le monde doit s'ajuster aux mots,
W (de *want*) est l'état psychologique de désir,
H (de *hearer*) est l'auditeur,
A une action future.

Le contenu propositionnel est toujours l'accomplissement d'une action par l'auditeur. Exemples de verbes dénotant de tels actes : demander, ordonner, prier, inviter à, permettre, conseiller, mettre au défi, et également interroger et questionner.

3) *Les commissifs.* — Searle adopte comme étant insurpassable la définition austinienne des commissifs. Les commissifs sont les actes illocutionnaires dont le

point est d'engager le locuteur à l'accomplissement d'une action future. Dans le symbolisme on a :

C ↑ I (S accomplit A)

où C vaut pour les commissifs,
↑ indique que le monde doit s'ajuster aux mots,
I (de *intention*) indique qu'il y a une condition de sincérité qui est l'intention,
S (de *speaker*) est le locuteur,

et le contenu propositionnel est que le locuteur accomplit l'action A. Searle note que les directifs et les commissifs présentent la même orientation quant à l'ajustement du monde aux mots, mais leur dissymétrie quant à l'agent de l'action — dans un cas le locuteur, dans d'autre l'auditeur — empêche de les regrouper dans la même catégorie.

4) *Les expressifs.* — Le point illocutionnaire est d'exprimer l'état psychologique spécifié dans la condition de sincérité à propos d'un état de choses précisé dans le contenu propositionnel. Exemples de verbes expressifs : « remercier », « féliciter », « s'excuser », « présenter des condoléances », « déplorer », « souhaiter la bienvenue ». On notera que dans les expressifs il n'y a pas trace d'ajustement entre le monde et les mots. On présuppose simplement la vérité de la proposition exprimée. Searle explique que, lorsqu'il s'excuse pour avoir écrasé un orteil, son propos n'est ni de faire savoir qu'un orteil a été écrasé ni de faire en sorte qu'il le soit... D'où le symbolisme suivant :

E ø (P) (S/H + propriété),

où (7) E indique le point illocutionnaire commun aux expressifs,

(7) Le lecteur qui se sera interrogé sur l'utilité d'un tel symbolisme dans le présent contexte sera heureux d'apprendre que Searle a travaillé avec Daniel Vanderveken à la confection d'une « logique illocutionnaire », où de telles formules canoniques permettent la formalisation de la théorie et la mise en place d'un système déductif : Foundations of illocutionary Logic, Cambridge University Press, 1985.

ø est le symbole pour l'ensemble vide, indiquant ici qu'il n'y a pas d'ajustement entre monde et mots,

P est une variable dont le parcours de valeurs est les différents états psychologiques correspondant à l'accomplissement des actes illocutionnaires de cette classe,

S est le locuteur, H l'auditeur, et le contenu propositionnel attribue une propriété à l'un ou à l'autre.

Outre ces quatre classes, il reste un ensemble important d'actes illocutionnaires qui doivent être regroupés sous une rubrique particulière. Ce sont tous les cas où l'état de choses représenté dans la proposition exprimée est réalisé — se voit conférer l'existence — par la déclaration même que cet état de choses existe. Exemples : « Je donne ma démission », « Vous êtes licencié », « Je vous excommunie », « Je baptise ce navire le *Babinet* », « Je vous désigne pour la présidence », « Les hostilités sont ouvertes ». Cette classe est appelée par Searle la classe des déclarations.

5) *Les déclarations.* — La caractéristique de cette classe est que l'accomplissement réussi de l'un de ses membres instaure la correspondance voulue entre le contenu propositionnel et la réalité. Si j'accomplis comme il faut l'acte de déclarer la guerre (et dans le « comme il faut » sont enfermées beaucoup de conditions, les *felicity conditions*), alors la guerre est bel et bien déclarée. Ce trait distinctif des déclarations en fait quelque chose de tout à fait à part des autres catégories. C'est ce qui avait attiré l'attention d'Austin lors de ses premières analyses des performatifs. La première distinction entre constatifs et performatifs était une distinction entre les proférations *(utterances)* qui sont des *dire* (assertions, etc.) et les proférations qui sont des *faire* (promettre, avertir, etc.). Dans *Quand dire c'est faire* Austin, on le sait, revient sur

cette distinction dans la mesure où il a découvert que le *dire* est déjà par lui-même un *faire*. Asserter, c'est faire une assertion. C'était en quelque sorte découvrir que l'assertion est un acte illocutionnaire. Mais il n'y avait pas là motif à atténuer la spécificité des performatifs premiers. A savoir cette relation *sui generis* entre les propos tenus et la réalité instaurée.

Searle remarque une nouvelle fois que les exemples de déclarations considérés comportent la présence d'une institution extra-linguistique, c'est-à-dire, dans les termes de l'auteur, un système de règles qui viennent s'ajouter aux règles constitutives du langage. L'existence de l'institution est nécessaire pour que la déclaration soit accomplie avec succès. La maîtrise des règles qui constitue la compétence linguistique des locuteurs ne suffit pas à assurer l'accomplissement réussi d'une déclaration. Exemples de telles institutions : les Eglises, le droit, la constitution, la propriété privée, les jeux et leurs réglementations, les entreprises. Il n'est d'ailleurs pas facile de clore la liste, car toutes les formes de vie culturelle, rituelle, etc., sont candidates, et on retrouverait vite la prolifération wittgensteinienne des jeux de langage. Or Searle n'est guère sensible à ce côté des choses. Il se contente d'évoquer les quelques grandes institutions nommées ci-dessus.

Le symbolisme pour les déclarations est le suivant :

$$\mathrm{D} \updownarrow \emptyset\,(p),$$

où D indique le point illocutionnaire déclarationnel,
$\updownarrow$ indique que la correspondance entre mots et monde est d'emblée instaurée sans trajet dans un sens ou dans l'autre,
$\emptyset$ indique l'absence d'une condition de sincérité,
$p$ est le contenu propositionnel.

Signalons enfin un cas où les déclarations recoupent les assertifs. Dans certaines situations définies institutionnellement, non seulement nous affirmons ce que sont les faits, mais nous avons besoin qu'une autorité prononce une décision quant à ce que sont les faits. C'est pourquoi il y a des juges, des arbitres et des huissiers. Leurs propos sont des assertions factuelles : « Vous êtes hors jeu », « Vous êtes coupable », etc. Ce sont aussi des déclarations tenues pour indiscutables si l'on ne fait pas appel. Les institutions requièrent de telles « versions légales » des faits.

Le symbolisme pour les déclarations assertives est le suivant :

$$Da \downarrow \updownarrow B(p),$$

où D*a* indique le point illocutionnaire de la déclaration assertive,
↓ indique l'orientation de l'ajustement pour l'assertion,
↕ indique l'orientation de l'ajustement pour la déclaration,
B la condition de sincérité est la croyance,
*p* est le contenu propositionnel.

4. **Les critiques de Dieter Wunderlich et de François Récanati.** — Pour Dieter Wunderlich aucune classification, pas plus celle de Searle que celle d'Austin, n'est convaincante. Il estime par exemple que les « commissifs » ne constituent pas un type universel d'actes de langage mais doivent plutôt être considérés comme des réactions à des « directifs ». Selon Searle, les questions sont une sous-classe des « directifs ». Toutefois elles sont marquées grammaticalement, et sont donc de bonnes candidates pour former un type *sui generis* d'acte de langage. Searle ne tient manifestement pas compte des questions délibératives, rhétoriques, etc. Enfin, à l'intérieur des cinq types de Searle, il n'y a pas de place pour les avertissements, les offres, les propositions, ni pour les appels ou invocations.

A son tour Wunderlich propose quatre critères principaux pour une classification des actes de langage.

1) On peut classer les actes de langage d'après leurs marques grammaticales dans un langage donné. Dans des langues comme le français, l'allemand ou l'anglais on a au moins les marques suivantes :

*a)* le mode interrogatif, pour les actes de langage du type érotétique ;

*b)* le mode impératif, pour les actes de langage du type directif ;

*c)* le mode déclaratif, pour les actes de langage du type représentatif ;

*d)* des formules performatives spécifiques pour les actes de langage du type de la « déclaration » de Searle mais entendue dans un sens plus large.

2) Les actes de langage peuvent être classés suivant :

*a)* le type de contenu propositionnel ;

*b)* le type de résultat illocutionnaire, ou le type de condition de satisfaction.

3) Les actes de langage peuvent être classés selon leur fonction, c'est-à-dire selon qu'ils représentent un mouvement d'initiative ou un mouvement de réaction, suivant leur position dans des configurations d'actes de langage.

4) Les actes de langage peuvent être classés selon leur origine comme actes de langage primaires ou naturels, ou comme actes de langage secondaires ou institutionnels.

Une autre classification, « réformiste » par rapport à celles d'Austin et de Searle, est proposée par François Récanati dans les termes suivants :

« La première distinction à faire est celle qui oppose les actes essentiellement représentatifs à ceux qui ne le sont pas, c'est-à-dire aux actes « behabitifs » d'Austin (rebaptisés par Searle « expressifs »), consistant à exprimer conventionnellement une certaine attitude sociale vis-à-vis de l'auditeur. La deuxième distinction importante oppose, parmi les actes qui ont essentiellement un

« contenu », ceux qui présentent l'état de choses auquel ils font référence comme virtuellement réalisé par (ou à cause de) l'énonciation, et ceux qui le présentent comme donné indépendamment de l'énonciation qui le reflète. Nous parlerons d'actes « performatifs » dans le premier cas et d'actes « constatifs » dans le second, ou encore d'actes de force « performative » et d'actes de force « constative ».

« Les actes « directifs », « promissifs » et « déclaratifs » de Searle sont tous des actes performatifs : le locuteur entend transformer, ou informer, la réalité par son énonciation, En ce qui concerne les actes déclaratifs, cette transformation est censée être immédiate, non pas (ou pas seulement) au sens temporel, mais au sens où l'énonciation est présentée elle-même comme « causant » la réalité de l'état de choses représenté. Dans les autres cas, l'énonciation n'est cause qu'indirectement : la réalisation de l'état de choses auquel il est fait référence est présentée comme à la charge du locuteur quand l'acte est promissif, et à celle de l'auditeur quand l'acte est prescriptif (ou, dans la terminologie de Searle, « directif »), l'énonciation jouant ici le rôle de « motif », c'est-à-dire causant la réalisation, par le locuteur ou l'auditeur, de l'état de choses représenté. En d'autres termes, le locuteur, faisant une déclaration — par exemple une déclaration d'ouverture de séance —, exprime l'intention que son énonciation, précisément parce qu'elle exprime cette intention, ait pour effet la réalisation de l'état de choses qu'elle représente, sans que la réalisation de cet état de choses soit présentée comme à la charge de quiconque en particulier ; s'il fait une promesse ou, plus généralement, s'il s'engage, le locuteur exprime l'intention de réaliser, « à cause » de l'énonciation qui exprime cette intention, l'état de choses représenté ; et s'il prescrit, il exprime l'intention que l'auditeur réalise l'état de choses de référence à cause de l'énonciation qui exprime cette intention » (8).

L'auteur présente ensuite un tableau récapitulatif des grands types d'actes illocutionnaires :

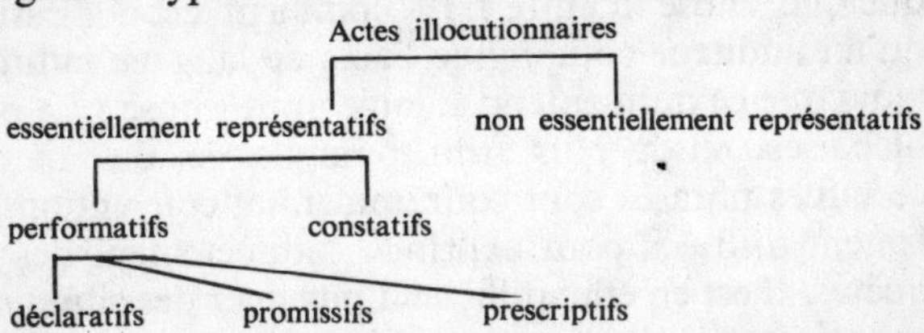


(8) François Récanati, Les énoncés performatifs, Paris, Minuit, 1981, p. 180 et 181.

## II. — Les actes de langage indirects

Quand tout est simple, le locuteur profère une phrase et il entend signifier par là exactement ce qu'il dit littéralement. Quand les choses se compliquent, le sens de la phrase comme telle, et le sens pris par le propos proféré par le locuteur, cessent de se recouvrir. On entre dans le monde sinon des sortilèges du moins dans un monde où les apparences se font piège : sous l'herbe verte glisse le serpent de l'ironie, de l'insinuation, de l'allusion, du sous-entendu de l'équivoque, du double sens. La politesse exquise et le persiflage sournois se donnent la main.

Une classe importante de tels cas est constituée par ceux où le locuteur profère une phrase, veut dire exactement ce qu'il dit, et veut dire aussi quelque chose d'autre. Si je dis : « Vous me feriez tellement plaisir en m'apportant la Toison d'Or et en m'accompagnant dans le Val des Merveilles », je dis bien quelque chose de mon plaisir, mais aussi, en plus, je formule une requête à l'égard de mon allocutaire. Il est clair que cet « en plus » n'est pas facultatif : la finalité de l'assertion, c'est de transmettre la requête. Nous avons là un exemple d'acte de langage indirect. Selon Searle, le problème posé par les actes de langage indirects est le suivant : comment se peut-il qu'un locuteur dise une chose, veuille bien dire cette chose, et veuille dire aussi quelque chose d'autre ? Et comment est-il possible qu'un auditeur comprenne l'acte de langage indirect, alors que ce qu'il entend signifie autre chose ? Le problème est rendu plus ardu, pour Searle, du fait que certaines phrases sont couramment et conventionnellement utilisées pour exprimer indirectement des requêtes. Il est en effet difficile d'imaginer des situations concrètes où « Pouvez-vous me passer la tapenade ? » et « Je serais enchanté(e) si vous retiriez votre coude de mes côtes » n'exprimeraient pas des requêtes !

L'hypothèse explicative de Searle en 1969 suggérait que les phrases en question portent sur l'une ou l'autre des conditions de félicité (*felicity conditions* : ce qui doit être le cas pour que l'acte de langage en question soit réussi) des actes de langage qu'elles accomplissent indirectement. Elles indiqueraient alors que l'une ou l'autre de ces conditions est réalisée soit en assertant, soit en questionnant à leur sujet. Par exemple la proximité entre mon voisin de table et la tapenade fait que cela a un sens de lui demander de la passer. Au lieu de demander directement comme un rustre, je puis l'interroger sur l'état de fait qui rendra sensée ma demande ultérieure... La nouvelle hypothèse formulée par Searle en 1975 complète la précédente. Dans les actes de langage indirects le locuteur communique à l'auditeur davantage que ce qu'il dit effectivement en se reposant sur un arrière-plan d'informations mutuellement partagées, informations linguistiques *et* non linguistiques, en même temps que sur la capacité d'inférence rationnelle de l'auditeur. L'appareil théorique requis pour expliquer la partie indirecte des actes de langage indirects consiste donc en : la théorie générale des actes de langage, des principes généraux de coopération conversationnelle (tels que Grice les a formulés) et un arrière-plan d'informations factuelles partagées par le locuteur et l'auditeur. Searle tient à affirmer qu'il n'est nul besoin de « postulats conversationnels » (Gordon et Lakoff), ni de faire intervenir des « structures profondes » (Ross, 1970).

CHAPITRE V

# A PARTIR DE LA PRAGMATIQUE : PORTÉE PHILOSOPHIQUE D'UNE NOUVELLE APPROCHE DU LANGAGE

> Ou bien nous allons au vrai avec les autres, ou bien ce n'est pas au vrai que nous allons.
>
> Maurice Merleau-Ponty

> On ne parle jamais que *par* les autres, et non pas seulement *pour* les autres.
>
> Francis Jacques

La philosophie qui, d'une part, ne cesse d'alimenter la pragmatique en concepts novateurs et, d'autre part, tire les leçons de cette discipline,dépasse généralement ce qu'il était convenu d'appeler de façon restrictive la « philosophie du langage ». On se gardera donc de mettre le vin nouveau dans de vieilles outres. L'on tiendra compte du fait que, sans se détourner pour autant de la langue, la pragmatique a réorienté les regards vers les interlocuteurs. La complexité de ces derniers mise en lumière oblige à repenser le concept de personne et de sujet. D'où une profonde remise en question du privilège phénoménologique de l'*ego*. La juste considération de ce fait majeur et fondateur qu'est l'interlocution appelle une philosophie de la relation interpersonnelle. L'idée même de raison s'incarne au mieux dans l'échange discursif, voire dans la controverse et la délibération, la validation intersubjective du savoir. La dimension éthique est également présente. Bien plus, elle est au cœur de l'interrogation sur la relation interpersonnelle, et au cœur de l'enquête sur la constitution de la communauté parlante, au niveau social. L'idée de règle, on l'a vu, est capitale. Elle permet de cerner le domaine de l'*a priori* constitutif, puis de conférer à la pragmatique une portée transcendantale. D'autre part la distinction entre communauté idéale de communication et les institutions concrètes de l'*hic et nunc* paraît inéluctable.

On ne s'étonnera pas de trouver réunis dans ce chapitre des penseurs « continentaux », dont quelques-uns se sont formés à la pratique effective de la philosophie analytique. Il est indéniable que la genèse des concepts opérationnels en pragmatique s'est d'abord effectuée outre-Manche et outre-Atlantique. Là se trouve aujourd'hui encore le principal creuset de l'inventivité technique. Toutefois, depuis quelques années, la jonction semble faite avec la recherche continentale.

Surtout il appartient à des philosophes français comme Francis Jacques, ou allemands comme Karl Otto Apel, de prendre la mesure de la « transformation en philosophie » appelée par le renouveau des perspectives sur le fonctionnement du discours, ou d'associer ces perspectives à une anthropologie « d'un point de vue relationnel » (F. Jacques) et à une refondation d'une philosophie de la personne. *Mutatis mutandis*, il y a dans les démarches, voisines mais distinctes, de ces deux penseurs, quelque chose qui s'apparente à la manière dont Leibniz répondait à Locke, Kant à Hume.

Il est toujours difficile de choisir parmi les contemporains. L'on s'expose nécessairement à être incomplet. Les pages suivantes ne sont pas exemptes

...isque (1). Elles présentent pour l'essentiel des ...es qui ont mûri à partir des années 70 et qui se ...vent encore en pleine fructification et en pleine évolution.

## I. — L'intégration de la pragmatique dans des philosophies de l'action

1. **La pragmatique praxéologique de Léo Apostel** (2). — La thèse centrale d'Apostel, professeur à l'Université de Gand, est la suivante : la théorie du discours et de l'acte de communication doit être insérée dans une théorie générale de l'action. Il affirme du même coup la priorité du discours sur la langue : la « langue » n'est qu'un système obtenu par abstraction à partir de l'ensemble des actes de discours. C'est en premier lieu la théorie de la communication qui constitue un sous-domaine de la théorie de l'action. La théorie intentionnelle de la signification peut être formalisée à l'aide de la logique de l'action. Trois aspects à prendre en compte :

*a)* L'acte de communication est à la fois une transformation du locuteur, de son interlocuteur et de leurs rapports.

*b)* L'acte de communication se définit par le but (ou les buts particuliers) qu'il poursuit ; il n'y a pas moyen de parler de sens sans parler en même temps de but.

*c)* Chaque acte de communication est en même temps une action qui produit un résultat différent de la simple existence d'une expression orale ou écrite (3).

(1) La place a manqué pour exposer la philosophie de F. Kambartel, dont la position est voisine de celle de Apel. Et l'intégration de la pragmatique dans une philosophie de l'esprit par M. Dascal, Pragmatics and the Philosophy of Mind, Amsterdam, Benjamins, 1983.

(2) Leo Apostel, Communication et Action, *in* H. Parret éd., Le langage en contexte, Amsterdam, Benjamins, 1980.

(3) Chacun de ces trois aspects a reçu une expression formalisée respectivement chez von Wright, Chisholm et Aqvist.

A partir de quoi deux tâches se dessinent :

1) Montrer que la linguistique des textes peut être intégrée dans une théorie de l'action communicative. Qu'est-ce qu'un texte pour Apostel ? C'est une séquence d'actes de communication qui peut être considérée en elle-même comme un acte de communication unifiée. Un énoncé n'est jamais complètement isolé. Il appartient toujours, de manière effective et observable, ou de manière potentielle et conjecturable, à un texte plus large. La production comme la réception d'un texte peuvent s'interpréter à partir du texte conçu comme action finalisée.

2) Développer une théorie générale des interactions, dont fera partie une théorie générale des dialogues (Hamblin). En particulier la théorie de l'action doit permettre de donner rigueur et précision aux principes de Grice. Apostel considère, en effet, que « dans les travaux de Grice il ne se trouve aucune tentative de fonder la sémantique sur la pragmatique de la coopération communicative ».

Selon lui les recherches contemporaines ont donné des résultats positifs sur les points suivants :

— Un début de théorie des textes et de théorie des dialogues a été développé à l'intérieur d'une théorie de l'action.

— Une véritable logique de l'action comme logique de l'action collective. Cette dernière doit être développée au service de la linguistique, d'une part, au service de la politique et de l'éthique, d'autre part.

— La conception de Grice, selon laquelle au cours de la conversation règnent les principes de la coopération ne représente qu'une moitié de la vérité. Toute communication est aussi un conflit et un antagonisme.

Parallèlement à ses efforts pour intégrer la pragmatique dans une théorie de l'action, Apostel reconnaît également que certains problèmes classiques de la philosophie ont déjà gagné et gagneront encore à être traités dans le champ de la pragmatique. Ce sont :

1) Le « *Cogito* » cartésien : « *Cogito ergo sum* » doit selon lui être traduit ainsi : « Lorsque j'asserte que je doute de mon existence, je dois exister parce que j'accomplis l'acte de langage d'asserter quelque chose. » Même si la connexion exprimée par cette paraphrase est saisie par intuition et non par déduction, explique Apostel, c'est bien la connexion entre un énoncé et l'agent produisant cet énoncé. Sa place est donc bien la pragmatique.

2) L'entreprise kantienne de déduction des catégories transcendantales : du fait que toute pensée « que *p* » doit en principe pouvoir être accompagnée par un « Je pense que *p* », on passe au fait que l'on peut inférer à partir des relations entre l'utilisateur du langage et le langage certaines propriétés des objets dont il est question dans le langage.

3) La philosophie des sciences reconnaît de plus en plus que des concepts comme « soutenir une théorie », « considérer un énoncé comme une loi », « utiliser un argument pour expliquer un fait », sont des relations pragmatiques (4).

4) Enfin Apostel estime que les relations entre le sujet de la pensée, de la perception et de l'imagination, d'une part, et, d'autre part, les objets pensés, perçus et imaginés pourraient recevoir un traitement pragmatique. La phénoménologie pourrait être ainsi « réveillée de son sommeil existentialiste ».

2. **La pragmatique « rationaliste » d'Asa Kasher.** — Pour Asa Kasher, disciple de Bar-Hillel et professeur à l'Université de Tel-Aviv, la pragmatique envisage le langage sous un point de vue de finalité et de ratio-

(4) C'est l'orientation récemment prise par Stegmuller.

nalité. Le but théorique de la pragmatique est la spécification et l'explication des règles constitutives définissant la compétence humaine dans l'utilisation de moyens linguistiques pour atteindre des buts ou des fins « littérales ». Ses hypothèses de travail sont les suivantes :

*a)* Il y a un système de règles qui sous-tend l'activité linguistique humaine. La maîtrise de ce système de règles fait partie de la maîtrise du langage.

*b)* Ce système de règles est constitutif, c'est-à-dire qu'il définit ses propres finalités et ses propres moyens. Ainsi le langage n'a pas à être expliqué dans les termes d'une autre compétence ou d'un autre intérêt humain. Il est lui-même une compétence spéciale définissant ses propriétés particulières. Il importe de noter que, dans ces conditions, la communication n'est pas quelque chose de premier.

*c)* Bien que la même phrase puisse être utilisée à des fins différentes, il y a un noyau linguistique commun à tous les usages d'une phrase non ambiguë.

*d)* Les règles gouvernant l'usage traitent de telles fins littérales définies pour chaque couple phrase et contexte, et des moyens de leur obtention.

Asa Kasher considère la pragmatique comme l'un des moyens pour délimiter le langage, de manière à mieux comprendre ce qui est essentiel dans le langage et, du même coup, ce qui est l'essentiel en l'homme. De telles recherches impliquent par exemple des considérations sur la rationalité, puisque le langage comporte une activité intentionnelle. C'est dans cette optique que Kasher a expliqué les maximes de Grice, et d'autres principes en termes de considérations rationnelles plutôt qu'en termes de coopération comme le veut Grice. Enfin, dans une perspective universaliste, Kasher tente de découvrir quels sont les actes de langage qui se retrouvent dans tout langage et lesquels ne se trouvent que dans certains langages.

Il semble que le rôle majeur soit joué par l'assertion et la question.

3. **La pragmatique « stratégique » de Hermann Parret** (5). — H. Parret propose une définition non mentaliste mais transcendantale de la compétence pragmatique : elle constitue l'ensemble des conditions de possibilité du discours. La notion d'intentionnalité doit être élaborée sans présupposés mentalistes, mais sous un aspect actionnel et investie dans les fragments discursifs sous forme d'effets empiriques systématiques. Parret caractérise la pragmatique comme « la théorie (non mentaliste) de l'intentionnalité discursive ». Il se préoccupe de concilier la prise en compte de l'intentionnalité et la décision wittgensteinienne de n'admettre que ce qui est public et linguistiquement marqué. La pragmatique relève en effet pour lui comme pour Francis Jacques du paradigme wittgensteinien de la communicabilité. C'est ce qui autorise la reconstruction de l'*a priori* formel du langage. La contextualité est un élément essentiel. La pragmatique peut encore être définie comme « l'analytique du langage en contexte ou la science de la contextualité du phénomène linguistique ».

H. Parret a élaboré une topographie de la pragmatique où il délimite domaines et sous-domaines. Il le fait d'une manière descriptive à partir d'une analyse de l'interaction communicative. Il confronte les paradigmes de l'expressibilité et de la communicabilité du langage, incarnés respectivement par Chomsky et

(5) Membre du FNRS belge, Hermann Parret est un chercheur en constante évolution. Le présent exposé ne donne qu'une vue partielle. Voir Contexts of Understanding, Benjamins, 1980, et Structural Semiotics and Integrated Pragmatics. An evaluative comparison of conceptual frameworks, Amsterdam, Benjamins, 1983. Voir en français La question et la requête : vers une théorie anthropologique de l'acte de poser une question, *in* Revue de Métaphysique et de Morale, n$^{os}$ 2 et 3, 1981.

Wittgenstein. La sémantique interprétative de type chomskien ou katzien élabore une théorie compositionnelle et récursive de la signification. C'est une sémantique immanente qui ne tient pas compte de la contextualité. Quant au paradigme de la communicabilité, il donne lieu à quatre axiomes, qui spécifient la thèse selon laquelle toute entité ou élément du système linguistique pour avoir pertinence doit être communicable.

*Axiome 1 :* Le sujet parlant, de par son discours, ne peut pas ne pas communiquer.

*Axiome 2 :* Toute communication présente deux aspects, le contenu et la relation, tels que le second englobe le premier.

*Axiome 3 :* Toute communication implique la réciprocité, qui est symétrique ou complémentaire.

*Axiome 4 :* Toute communication actualise le système virtuel des significations et réalise, en même temps, la dépendance de ce système vis-à-vis des conditions de la communicabilité.

Le domaine de la pragmatique peut être délimité comme un domaine de régularités gouverné par des règles, selon une reconstruction explicative, à partir des notions primitives de fonction et de contexte. Il est habituel depuis Wittgenstein, note Parret, de concevoir le langage comme un réseau de régularités. Parret, à son tour, conçoit le langage en contexte comme un réseau de régularités gouvernées par certaines stratégies. Parret préfère le terme de « stratégies » à celui de « règles » à cause de la connotation chomskienne véhiculée par ce dernier terme. Une stratégie est compétentielle, translinguistique et normative. Elle se distingue de la généralisation empirique, qui se construit toujours à partir de phénomènes de performance. La stratégie est définie par Parret comme « une régularité intériorisée et valorisée générant le fragment discursif à partir du contexte d'énonciation ».

Les stratégies sont de quatre types : — contraintes (structures pragmasyntaxiques) ; — fonctions (présuppositions) ; — conditions (actes types) ; — principes (implicatures).

H. Parret s'est toujours prononcé en faveur d'un modèle pluraliste, qui distingue des sous-domaines dans la reconstruction de son objet et qui ait ainsi quelque chance d'échapper au réductionnisme. Le prix à payer pour cette option pluraliste est le problème de l'interdépendance des sous-domaines et des sous-systèmes.

## II. — Autour de l'Ecole de Francfort

1. **La pragmatique transcendantale de Karl Otto Apel.** — Héritier de Kant, de Peirce et de Wittgenstein, K. O. Apel s'efforce de concilier les traditions continentale allemande, d'une part, anglo-américaine, d'autre part. Tel est le sens de son évolution, son projet philosophique ultime étant celui d'une fondation de la raison. La philosophie du langage et plus précisément la pragmatique sont pour lui des instruments privilégiés sur la voie de la réalisation d'un projet qui n'est, répétons-le, ni linguistique ni pragmatique au sens strict. La création originale de Apel est une création philosophique : la « pragmatique transcendantale ».

Le premier ouvrage d'Apel était une reconstruction de la philosophie transcendantale de Kant à la lumière de Heidegger. Il s'est ensuite consacré à l'histoire de la philosophie du langage (6). Il se situe alors dans le mouvement de l'herméneutique post-heideggerienne, avec son respect des grands textes et de la tradition, une relative indifférence à la logique et une forte

(6) Die Idee der Sprache in der Tradition des Humanismus von Dante bis Vico (L'idée du langage dans la tradition humaniste de Dante à Vico), Bonn, 1963.

opposition à l'esprit scientiste. L'étude même du langage l'oriente vers d'autres formes de pensée : la philosophie analytique, les premières recherches du Cercle de Vienne, Wittgenstein et le pragmatisme américain. Apel a édité Peirce en allemand et lui a consacré une substantielle étude. Il est amené à l'idée d'une « transformation de la philosophie » : c'est le titre de son ouvrage majeur paru en 1973 (7).

La pragmatique transcendantale est pour lui l'aboutissement de la transformation de l'idéalisme transcendantal kantien sous l'influence du « *linguistic turn in philosophy* », c'est-à-dire la prise de conscience du caractère médiateur essentiel du langage dans toute connaissance et dans toute ontologie.

Avant Kant, l'ontologie affirme l'être sans réfléchir sur les conditions de la connaissance. C'est une telle réflexion qui constitue l'interrogation critique de Kant. Mais la dimension du langage est singulièrement passée sous silence chez Kant. En outre, et jusqu'à Husserl, on se meut dans une sorte de « solipsisme méthodique ». Il fallut Frege, Russell, Moore et le mouvement analytique en philosophie pour que la réflexion critique portât en premier lieu sur le langage, devenu même, chez Wittgenstein, une grandeur directement transcendantale. Toutefois, les conséquences n'en sont pas tirées immédiatement. Ce n'est qu'avec les *Investigations* que Wittgenstein pose la communication comme simultanée à la genèse des jeux de langage. Le paradigme de la communicabilité introduit à une nouvelle conception du sens et de la raison. La pragmatique transcendantale d'Apel explicite ce renouveau. Elle dépasse, dit-il, la relation binaire

(7) Transformation der Philosophie, 2 vol., Francfort, 1973 ; trad. angl. partielle : Towards a Transformation of Philosophy, London, 1976. K. O. Apel est également l'éditeur de Sprachpragmatik und Philosophie, Francfort, 1976.

sujet-objet pour situer le sujet dans une relation ternaire sujet-langage-objet. D'une part, la relation au monde passe par le langage. D'autre part, le sujet n'est plus solipsiste mais membre d'une communauté de langage.

La pragmatique transcendantale a un versant moral. Qui plus est, en elle, la philosophie théorique et la philosophie pratique ont une racine commune. Mieux que la philosophie kantienne, elle parvient à révéler l'unité de la raison, estime Apel. Comment cela se peut-il ? Apel donne l'exemple suivant : « Je pense » veut dire, en fait, « J'argumente », donc « Je parle avec autrui », et « J'ai accepté les normes pratiques de la communication », et encore : « Je fais partie d'une communauté de communication ». Nul ne pense seul. La pragmatique montre qu'en posant « Je pense » on est déjà dans l'ordre de l'éthique, celle qui résulte d'un consensus. La vérité se gagne par un consensus intersubjectif. L'aspect politique n'est pas absent. Apel note que la communauté réelle de communication où se déroulent nos entretiens et nos dialogues est soumise à des conditions matérielles, sociales et psychologiques, qui la distinguent irrémédiablement de la communauté idéale de communication. La pragmatique transcendantale doit se doubler en quelque sorte d'une pragmatique empirique, en tout cas d'une reconstruction critique de l'histoire sociale. Apel rejoint là les préoccupations de Habermas.

La philosophie d'Apel apparaît comme un renouvellement d'un rationalisme humaniste et critique. C'est une philosophie qui ne renonce pas à ses finalités traditionnelles. Elle s'assigne pour tâche de garantir l'unité des différentes sciences de la nature et des sciences humaines en clarifiant les exigences de validité qui fondent tout savoir. La distinction classique établie par Dilthey entre l'explication (scientifique et valable pour la nature) et la compréhension (herméneutique, et valable pour les sciences humaines) est maintenue. Mais la pragmatique permet de trouver au-delà de la distinction une unité des discours argumentatifs. Il importe, estime Apel, de préserver une communauté argumentatrice, de savoir ce que fait la science, de sauver l'unité de la philosophie et des sciences au nom du Logos, de lutter contre les nouvelles mythologies en maintenant une méthodologie normative.

Dans un article publié en 1975, Apel écrivait (8) :

« Je comprends les conditions *pragmatiques* de possibilité d'une connaissance scientifique, pour reprendre les termes kantiens, comme conditions de possibilité, au moins partielles, d'un savoir intersubjectivement valide et d'une critique scientifique et philosophique de la connaissance. Je m'oppose en cela à Carnap et à Hempel qui considèrent que ces conditions pragmatiques appartiennent à l'expérience psychologique ou sociologique et ne présentent aucune pertinence lorsqu'il s'agit de juger de la validité de la connaissance. Il faut considérer cette évaluation comme correcte dans la mesure même où le conflit qui oppose le principe de fondation suffisante au principe d'une mise à l'épreuve critique tombe dans le domaine de la pragmatique et a trait, qu'il implique ou non une décision face à une alternative, aux conditions de validité de la connaissance scientifique. J'aimerais donc postuler comme complément philosophique aux syntaxes et aux sémantiques logiques des langages scientifiques idéaux, une *pragmatique transcendantale* du langage : sa tâche sera de réfléchir sur les conditions de possibilité d'une connaissance formulée verbalement et, comme telle, virtuellement valide d'un point de vue intersubjectif. J'essaierai pour le moment de résumer ce qui fait l'essentiel d'une sémiotique transcendantale et, dans notre contexte, d'une pragmatique transcendantale qui reconstruit et complète une fondation de la logique moderne du langage et de la science (9).

Apel invoque la sémiotique de Peirce, et notamment la relation tridimensionnelle des signes, pour passer des signes à la connaissance et à l'argumen-

(8) La question d'une fondation ultime de la raison, article publié initialement dans le Festschrift für Gerhard Frey : Sprache und Erkenntnis, édité par B. Kanitscheider en 1975. Il a été traduit par Suzanne Foisy et Jacques Poulain, et publié dans Critique d'octobre 1981.

(9) Op. cit., p. 902-903.

tation médiatisées par des signes et affirmer que « les fonctions de signes internes au langage (syntaxiques) et les fonctions de signes reliées à la réalité (référentielles et sémantiques) présupposent une interprétation (pragmatique) des signes par une communauté d'interprétation ». Le concept de « communauté d'interprétation » provient de la source herméneutique, elle-même en continuité avec la tradition religieuse du commentaire biblique. Apel transpose et généralise cette notion à la communauté scientifique d'abord, puis à la communauté parlante en général. L'autorité traditionnellement reconnue à la communauté interprétante passe à la pragmatique comme discipline fondatrice : « La syntaxe et la sémantique logiques, comme disciplines faisant partie de la sémiotique, ne sont qu'un moyen d'élucidation « indirecte » de l'argumentation théorico-scientifique pour autant qu'ils la médiatisent en construisant des systèmes idéaux de règles. Elles dépendent donc en principe d'une pragmatique de l'argumentation qui vient les compléter et les intégrer. » On reconnaît là l'option maximaliste en faveur de la pragmatique. Mais il y a plus. Apel le reconnaît implicitement lorsqu'il conclut que « *la pragmatique doit devenir une discipline philosophique qui traite des conditions subjectives et intersubjectives permettant un accord de sens et la formation d'un consensus de vérité dans la communauté idéalement illimitée des scientifiques* ».

La philosophie à son tour reçoit un fondement dans l'*a priori* de la communauté de communication et d'argumentation rationnelle :

« Le « milieu vital » des arguments philosophiques est un *jeu de langage transcendantal* au sein duquel on présuppose, outre quelques règles de logique et l'existence d'un monde réel, quelque chose comme des règles pragmatiques et transcendantales de la communication idéale. L'individu ne peut s'assurer *a priori* et à coup sûr de la certitude alors qu'il pense de façon solitaire à son existence qu'en référence à ce jeu de langage transcendantal et à ses règles... L'individu est bien plutôt comme un *homo sapiens* socialisé avec succès par sa compétence communicationnelle : il se constitue comme un être qui s'est toujours déjà identifié à la communauté idéale de communication et qui a implicitement accepté les règles pragmatiques et transcendantales de la communication. Cela ne contredit pas notre aptitude permanente à prendre conscience de la discordance qu'il y a entre l'idéal normatif de la communauté idéale de communication et la situation réelle de discussion. Ici se précise la possibilité de situer les présuppositions d'une « fondation ultime » pragmatique et transcendantale de l'éthique dans l'*a priori* de la communauté de communication et d'argumentation rationnelle » (10).

2. **La pragmatique universelle de Jürgen Habermas** (11). — Héritier à la fois de Kant et de Hegel, Marx et Lukács, mais aussi de Weber et de Mead, Jürgen Habermas, inlassable critique de la société moderne, ne cesse pourtant d'affirmer sa confiance dans la rationalité d'une manière qui n'est pas sans rappeler la philosophie des Lumières. Signe du XX$^{e}$ siècle toutefois : cette rationalité est pour lui indissociable du langage qui assure le progrès de la communauté humaine.

Sa philosophie est orientée tout d'abord vers l'idée kantienne d'*intérêt de la raison*. Le sens qu'il lui donne est le suivant : c'est l'intérêt de l'humanité pour la maîtrise de son destin en vue d'un vivre ensemble raisonnable, sur les trois plans de la technique, de l'intercompréhension des sujets parlants et agissants, et de l'émancipation critique par rapport aux contraintes.

(10) Op. cit., p. 927-928.

(11) Après avoir enseigné à l'Université de Heidelberg et à l'Université de Francfort, Jürgen Habermas dirige depuis 1971 l'Institut Max Planck de recherche sur les conditions de vie dans le monde scientifique et technique. Il est l'auteur de nombreux ouvrages. Notamment : Connaissance et intérêt, Paris, Gallimard, 1976, trad. et préface de Jean-René Ladmiral. Un article a été traduit en anglais : What is Universal Pragmatics ?, publié originellement dans K. O. Apel éd., Sprachpragmatik und Philosophie, Suhrkamp, 1976. En 1982, un ouvrage de plus de 1 000 p. : Theorie des kommunicativen Handelns, 2 vol., Francfort, Suhrkamp (Théorie de l'action communicationnelle, t. 1 : Pour une théorie de la raison fonctionnaliste ; t. 2 : Rationalité de l'action et rationalisation sociale). Trad. franç. : Théorie de l'agir communicationnel, Fayard, t. 1 et 2, 1987.

On voit l'importance de l'enjeu politique de cette théorie critique. Habermas définit ainsi le principe de la démocratie : c'est la garantie par des formes institutionnelles « d'une communication universelle et publique qui est consacrée à la question pratique de savoir comment les hommes peuvent et veulent vivre ensemble dans le cadre des conditions objectives déterminées par le pouvoir immensément accru dont ils disposent sur les choses ». Le langage est dès le début un thème majeur, mais sa fonction dans l'œuvre d'Habermas a évolué. Tout d'abord le langage est l'instrument de la discussion libre et publique des choix pratiques, contre laquelle s'exerce l'idéologie restrictive des sciences et des techniques légitimant la soustraction des choix pratiques au débat démocratique. Puis le langage est considéré comme porteur en lui-même et par nature d'une exigence et d'une puissance d'émancipation. Tout acte de langage (au sens non théorique du terme) apparaît sur un horizon d'interaction avec la norme et la finalité d'un consensus librement élaboré par ceux qui parlent, et ce quelles que soient les distorsions et les violences que véhicule l'acte de langage. C'est seulement dans le cadre des discussions que l'on peut « résoudre en leur donnant un fondement les problèmes posés par la validité des opinions et des normes ».

C'est à partir de là que Habermas cherche à élaborer une théorie de la communication linguistique qui rende compte de ce pouvoir émancipateur qu'il accordait au langage. Il se met d'ailleurs en quête des théories déjà élaborées dans le cadre de la philosophie anglo-saxonne, notamment celles d'Austin et de Searle qui, par l'accent placé sur l'idée d'acte, lui paraissent les plus propres à soutenir son point de vue. Cela ne l'empêchera pas de les associer à d'autres théories, d'une manière qui frôle le syncrétisme. On a en effet un amalgame composite, prolixe et parfois obscur entre la théorie marxiste et la philosophie analytique. Mais la visée d'Habermas est élevée. Ses recherches tendent à la formulation d'une pragmatique universelle.

Dans l'article de 1976 « Was ist Universale Pragmatik ? », Habermas expose sa conviction : non seulement les traits phonétiques, syntaxiques et sémantiques des *phrases*, mais aussi certains traits pragmatiques des *proférations*, non seulement le langage, mais le discours, non seulement la compétence linguistique, mais aussi la compétence communicative admettent une reconstruction rationnelle en termes universels. « La compétence communicative a un noyau aussi universel que la compétence linguistique. Une théorie générale de l'action discursive décrirait le système fondamental des règles que les sujets parlants adultes maîtrisent et qui leur permettent de remplir les conditions pour un emploi approprié des phrases dans des proférations, à quelque langue particulière que les propos appartiennent et quels que soient les contextes où les proférations sont enchâssées. » Tout acte de profération situe la phrase en relation à la réalité extérieure, à la réalité intérieure, et à la réalité normative de la société. Il implique la reconnaissance des validités correspondantes : vérité, sincérité, conformité.

Le programme de la pragmatique universelle d'Habermas est ambitieux et exigeant à la fois sur le plan de la recherche théorique et sur le plan de la visée pratique ultime. On peut souvent se demander s'il n'est pas contraint de présupposer ce qu'il ne parvient pas à reconstruire : par exemple le concept de consensus (1).

Chez Apel et chez Habermas il s'agit de replacer la communication dans son contexte historico-culturel.

(1) Cf. la mise au point de G. Skirbek, Pragmatism in Apel and Habermas, Contemporary Philosophy, vol. 4, M. Nijhoff, 1983, p. 387-416.

La situation de parole demeure chez eux déterminée d'un côté par la subjectivité pure : le langage procède de la véracité du locuteur ; et d'un autre côté par des normes universelles précédant la relation elle-même. A ces traits de subjectivisme et d'universalisme s'ajoutent chez eux des traits de représentationnalisme : l'énoncé de phrase représente encore l'intenté du locuteur ; et des traits de sociologisme : l'activité communicationnelle est normée par le type de société où elle se déploie, au point que les conditions de possibilité du sens restent des conditions sociales de réalisation.

C'est ici que les principales divergences apparaissent avec la philosophie transcendantale du signifier de Francis Jacques.

### III. — **Intégration dans une philosophie transcendantale : la pragmatique dialogique de Francis Jacques** (12)

F. Jacques partage avec K. O. Apel et J. Habermas le souci d'élaborer une analytique de la communication pour remédier au caractère artificiel et simplificateur du modèle théorique utilisé par les sciences positives de la communication. Comme Habermas il se trouve rejoindre dans ses propres thèses certains intérêts théoriques de Hanna Arendt : importance du consensus, idéal de la communication sans contrainte, concept de situation canonique de langage.

(12) Professeur à l'Université de la Sorbonne Nouvelle, Francis Jacques travaille dans les domaines de l'épistémologie, de la philosophie analytique et de la philosophie du langage. Il est l'auteur de Dialogiques. Recherches logiques sur le dialogue, Paris, PUF, 1979 ; Différence et subjectivité : Anthropologie d'un point de vue rationnel, Paris, Aubier-Montaigne, 1982 ; L'espace logique de l'interlocution, Paris, PUF, 1985.

Dans De la textualité (à paraître) il étend aux textes la conception dialogique du discours. Que devient la relation interlocutive quand le discours devient texte ? Comment une œuvre se rend-elle communicable ?

Chez F. Jacques on a affaire à un programme de recherche philosophique au sens de K. Popper. Pour justifier ce programme, il fait appel non seulement à la théorie des actes de langage, mais aussi à la théorie des modèles, à la logique modale, à la logique des mondes possibles et à la théorie des jeux de stratégie.

La pragmatique est l'étude « des conditions *a priori* de la communicabilité ». Comme telle, « elle n'a pas trait aux circonstances empiriques, mais aux conditions de possibilité d'une signification communicable en général ». Elle concerne les universaux de l'usage communicationnel en général.

F. Jacques tire une conséquence immédiate qui suffit à démarquer son objet de la psycho- ou de la socio-linguistique :

« Une théorie adéquate de l'usage communicationnel doit se construire par exclusion des autres usages circonstanciels ; ceux-ci présupposent celui-là tandis que l'inverse n'est pas vrai. Une pragmatique est fondatrice à l'égard des relations qu'entretient empiriquement le discours avec les situations concrètes de l'énonciation. Un point de vue transcendantal commande ici l'analyse du discours. »

Et par ailleurs il se démarque des autres interprétations transcendantales de la pragmatique dans le texte suivant :

« Encore faut-il aller jusqu'au bout du paradigme de la communicabilité en rapportant l'énoncé aux circonstances de l'interlocution. L'acte par lequel la langue est mise en discours et qui est la présupposition extra-linguistique de l'énonciation ne peut se définir comme un procès d'appropriation de la langue au locuteur. Si le locuteur est co-locuteur, les deux partenaires partagent quelque peu l'initiative sémantique, et ils la partagent pour autant qu'ils sont en relation interlocutive. Ce *requisit* extrêmement profond demeure à promouvoir. »

F. Jacques radicalise encore la perspective et formule une position qui, si on en prend la mesure, contient pas mal de bouleversements en réserve et obligera à bien des reformulations :

« Une énonciation est signifiante pour autant qu'elle est mise en communauté entre des énonciateurs qui sont par ailleurs en relation interlocutive actuelle. »

C'est le principe de la primauté et de la primitivité de la relation *(« primum relationis »)* qui règne en effet tant sur la situation originaire de signification (1985) que sur la philosophie de la personne bâtie à partir d'elle. Comment cette primauté est-elle mise en évidence ?

D'abord en prenant pour cible les conceptions égologiques et monologiques aussi bien de l'énonciation, de la signification que de la subjectivité (1982). On récuse avant tout, écrit l'auteur, une conception du discours où les phrases seraient tenues pour les résultats de l'activité symbolique d'un locuteur individuel, où l'*ego* serait à la source et à l'origine de son dire et du sens de son dire. Il s'agit bien pour le linguiste de reconnaître la réalité des formes langagières par quoi je me *figure* au centre de l'énonciation. Mais celles-ci ne disposent pas de la réalité de l'énonciation. Il ne faut pas croire le sujet parlant sur parole. La part est faite aux asymétries dans le discours où l'*ego* se met au centre des coordonnées énonciatives, mais on vérifiera chaque fois que ces exceptions confirment la règle qui veut que l'allocutaire à des degrés divers participe avec le locuteur à l'initiative du sens. Pour sortir du monologisme, il ne suffit pas de faire intervenir le pair auditeur, il ne suffit pas de s'adresser à lui ou d'être à son écoute, il faut l'allocutaire en tant que co-énonciataire. En tant que co-responsable du sémantisme des messages échangés. La notion neuve de *dialogisme* rend compte de ce point.

Le dialogisme, que F. Jacques refuse d'assimiler à la polyphonie ou à l'intertextualité, est défini par lui comme *la répartition de tout message sur deux instances énonciatives qui sont en relation actuelle*. Le *principe dialogique* est formulé dans les termes suivants : « Une énonciation est mise en communauté de sens, elle est produite bilatéralement de quelque manière entre les énonciateurs qui s'exercent à la bivocalité et au double entendre » (13). La formulation est encore plus radicale lorsque l'auteur considère que l'idée que la parole dialoguée et finalement toute parole auraient deux maîtres n'est qu'une approximation, et que le plus exact serait de dire que le seul maître de la parole dialoguée est la relation interlocutive elle-même.

Quelles sont les conséquences du dialogisme ?

En premier lieu, il confère à l'énonciation une nature relationnelle et interactionnelle.

En second lieu, il préside chez les locuteurs — mieux : chez les instances énonciatives — aux deux activités indissociables du vouloir-dire et de la compréhension : signifier et comprendre et ce, « même lorsque la relation interlocutive est inégale ou lorsqu'elle fait l'objet d'une négociation conflictuelle dans le discours ».

En troisième lieu, c'est lui qui régit le sémantisme profond de l'énoncé : tant le mécanisme référentiel que le contenu propositionnel et la force illocutoire de la phrase en situation interlocutive.

Les conséquences du dialogisme sur la conception du locuteur sont particulièrement intéressantes. Elles infirment l'autonomie du sujet parlant au regard des significations communiquées. Corrélativement, l'analyse transcendantale des conditions de possibilité du sens renvoie non pas au sujet mais à la relation interlocutive elle-même. En s'interrogeant sur les conditions de possibilité de toute communication par signes, la critique à partir de la pragmatique destitue la subjectivité de ses privilèges classiques de donation du sens pour en créditer la relation. Au XX^e^ siècle notre

(13) F. Jacques, Différence et subjectivité, Paris, Aubier-Montaigne, p. 334.

pensée de la subjectivité a été affectée par le fait structural et par le fait systémique ; elle l'est maintenant par le fait communicationnel. Pareille désappropriation à l'égard de la production du sens est aussi radicale que celle qui avait été réalisée par la découverte de l'inconscient freudien et par cet inconscient structural qu'est la langue pour le sujet parlant.

La relation interlocutive engendre-t-elle une symétrie entre les interlocuteurs ? On aurait pu l'imaginer, mais en fait un certain nombre d'asymétries sont inéluctables. Quelles sont-elles ?

— une asymétrie qui est une erreur de la théorie : l'asymétrie du subjectivisme linguistique où le « je » est à l'origine du sens ;
— une asymétrie d'ordre empirique, qui est une violence par appropriation discursive ; fait de l'autorité ; cf. la reine et Alice : « C'est moi qui pose les questions ici » (14) ;
— une asymétrie normale due à la disparité des arrière-plans présuppositionnels, des expériences biographiques ; asymétrie qui s'amenuise dans la confrontation des états de croyance ;
— une asymétrie normale si les locuteurs appartiennent à des communautés parlantes et à des cultures différentes ;
— une asymétrie compensée dans l'alternance des tours de parole ; la première typologie d'ensemble des échanges verbaux est construite par F. Jacques, notamment à partir des distinctions symétrie/asymétrie, sens/référence, *agon/iréné*. Elle comporte : entretien dialectique, affrontement verbal,

(14) Comme l'écrit Bourdieu, c'est le cas où « la parole des uns est le silence des autres ». Cf. Ce que parler veut dire, Paris, Fayard, 1982. On peut aller plus loin : ces autres peuvent n'être pas silencieux, mais leur parole peut être « vidée ». Cf. F. Armengaud, L'impertinence excommunicative, ou comment annuler la parole d'autrui, *in* Degrés, Bruxelles, 26-27, 1981.

pseudologie, discussion, conversation, échange de vues, délibération, dialogue, dispute, controverse, débat, confrontation. C'est dans le cadre de ces stratégies bivocales qu'il paramétrise l'étude de l'argumentation (15).

L'établissement des précédents résultats a été acquis dans les analyses des *Dialogiques* (1979). Sur le modèle du dialogue référentiel, cet ouvrage a montré en particulier :

1) qu'il fallait dépasser le cadre de la phrase pour une analyse transphrastique ; toute énonciation entrée dans un cadre interlocutif est présumée figurer à la fois comme une réponse à une question virtuelle de l'interlocuteur et comme une question tacite qui lui est posée ;
2) qu'il fallait dépasser le cadre du locuteur pour la relation interlocutive ; qu'il ne fallait plus rapporter les effets de sens au seul locuteur (pas plus qu'à l'image qu'il se fait de l'allocutaire). C'est le paradoxe de la non-séparabilité des actions linguistiques (1985) ;
3) que la référence au monde et la référence aux sujets sont liées ; selon les expressions de F. Jacques, la « co-référence » au monde est solidaire de la « rétro-référence » aux personnes ; en même temps la relation interpersonnelle est co-originaire de la relation de référence au monde.

A partir de là s'édifie une philosophie de la personne. Ni un sujet réduit à la structure du moi (Kant), ni un moi sans sujet (Hume), mais un *ego communicans*. Loin de l'immédiate et leurrante conscience de soi, ou de la biographie individualiste, la personne est « une unité structurelle d'une énorme complexité lo-

(15) F. Jacques, Trois stratégies interactionnelles : dialogue, conversation, négociation, *in* Echanges sur la conversation, CNRS, 1988.

gique ». Elle a une capacité transinstancielle d'identification aux trois positions dans un acte de communication : je/tu/il. Aussi l'expérience du moi comme personne est-elle discursive avant d'être existentielle. Relationnelle, la notion de personne est soumise à une élaboration logico-linguistique en termes de *prédicats personnels.* C'est une *thèse* de la philosophie dialogique de F. Jacques que « *tant le fait de la subjectivité que le statut de personne sont dérivés du factum communicationnel* ». La personne est donc une notion à la fois intersubjective, communicationnelle et diachronique.

Le personnel rejoint le social tout en s'en distinguant : à côté de la relation d'appartenance caractéristique de la dimension collective dans le social, il y a un rapport non moins spécifique de réciprocité qui caractérise la dimension interpersonnelle dans le social. Le lien politique est défini en termes de communication en introduisant, à côté des rapports de *position* entre instances énonciatives, le réseau des *places* ou emplacements institutionnels qui ne sont pas exclusifs de rapports de force. Le pouvoir, écrit F. Jacques, est le nom qu'on prête à une situation de communication complexe et au jeu de ses hiérarchies enchevêtrées. Le pouvoir émane du tissu communicationnel des acteurs sociaux. « Le Prince n'est que l'autre nom de la communication restreinte. » Revenant sur l'irénisme un peu utopique d'Apel, il se demande : qu'en est-il au juste des rapports entre *l'agon* et *l'iréné* dans la constitution du discours sensé. Il y aurait trop de naïveté à faire l'économie de la tension et de la distorsion dans le discours.

A la différence de la phénoménologie, F. Jacques ne place plus la subjectivité consciente au foyer d'une théorie du sens. Il ne fait pas fond non plus sur le simple fait de la communication empirique, tributaire du schéma jakobsonien, ni sur les variétés de l'*ars communicandi* mais en développant la notion d'*a priori* communicationnel il lie originairement la communicabilité à la question critique en philosophie. A la différence de Searle et surtout de Grice, il ne reconstruit pas la communication à partir des seules intentions, fussent-elles de troisième ordre, du locuteur. Enfin, s'il est sans doute par son projet le philosophe français le plus proche de l'actuelle Ecole de Francfort, son souci est plutôt de reconstruire ce que les philosophes de cette école tiennent pour acquis (l'acceptation des règles par l'individu, pour Apel, le consensus pour Habermas).

On n'oubliera pas non plus que son point de départ demeure la belle théorie de la référence que les Anglo-Saxons ont élaborée de Russell à Kripke. A cette histoire déjà longue on peut considérer que la conception jacquéenne de la co-référence ajoute un nouveau chapitre. Il s'agit d'articuler de manière principielle deux types de relations : de l'homme avec les choses en qualité de référence et de l'homme avec l'homme comme partenaire dans le processus du questionnement scientifique. Ce sont en effet des arguments tirés de l'épistémologie contemporaine sur la crise des théories et sur la controverse métathéorique qu'il verse au dossier afin de montrer qu'en science même le registre référentiel et le registre interlocutif sont indissociables.

« Généalogie » de la pragmatique

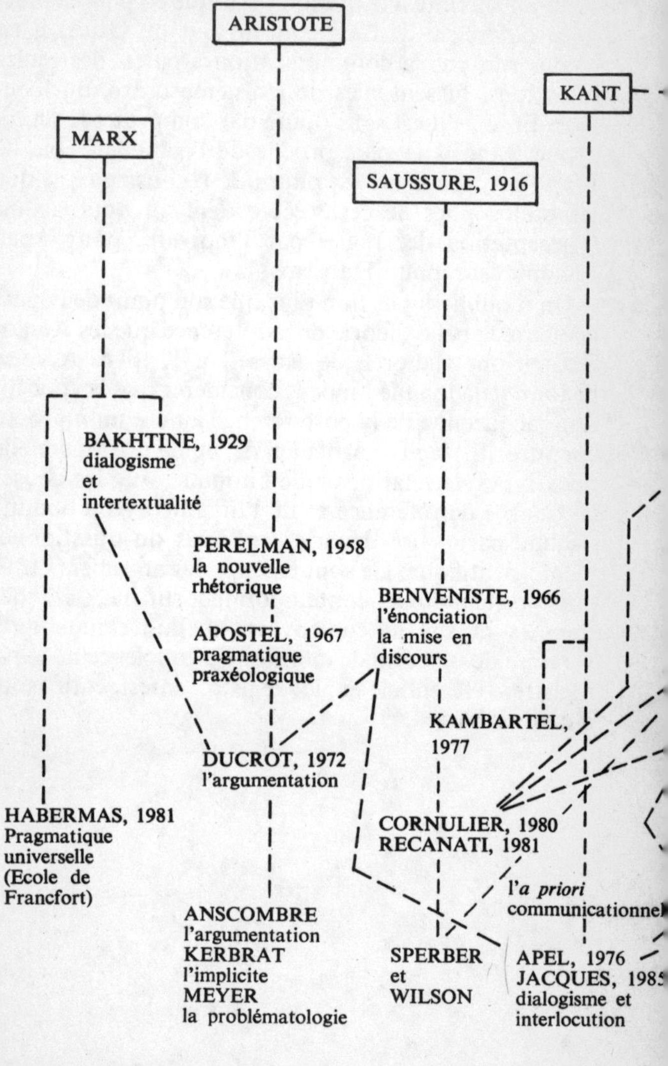

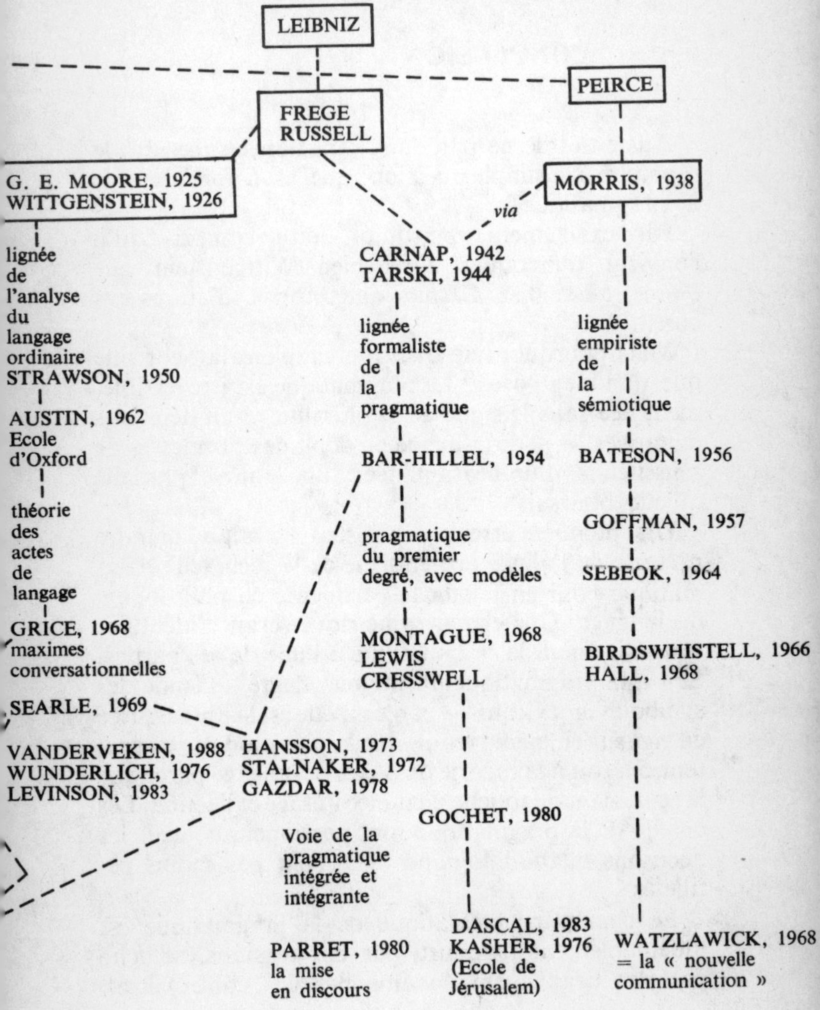
LEIBNIZ
PEIRCE
FREGE
RUSSELL
G. E. MOORE, 1925
WITTGENSTEIN, 1926
MORRIS, 1938
via
lignée
de
l'analyse
du
langage
ordinaire
CARNAP, 1942
TARSKI, 1944
lignée
formaliste
de
la
pragmatique
lignée
empiriste
de
la
sémiotique
STRAWSON, 1950
AUSTIN, 1962
Ecole
d'Oxford
BAR-HILLEL, 1954
BATESON, 1956
théorie
des
actes
de
langage
GOFFMAN, 1957
pragmatique
du premier
degré, avec modèles
SEBEOK, 1964
GRICE, 1968
maximes
conversationnelles
MONTAGUE, 1968
LEWIS
CRESSWELL
BIRDSWHISTELL, 1966
HALL, 1968
SEARLE, 1969
VANDERVEKEN, 1988
WUNDERLICH, 1976
LEVINSON, 1983
HANSSON, 1973
STALNAKER, 1972
GAZDAR, 1978
GOCHET, 1980
Voie de la
pragmatique
intégrée et
intégrante
DASCAL, 1983
KASHER, 1976
(Ecole de
Jérusalem)
PARRET, 1980
la mise
en discours
WATZLAWICK, 1968
= la « nouvelle
communication »

# CONCLUSION

Au terme de ce parcours, sera-t-on en mesure de répondre à la simple question : quel est *le* fondateur de la pragmatique ?

Pas exactement, puisqu'on aura compris qu'il convient d'invoquer aussi bien Wittgenstein que Peirce, aussi bien Carnap que Morris, d'autres encore...

Mais pourquoi une question simple serait-elle une question bien posée ? La pragmatique est irréversiblement née sous le signe de la pluralité, et en dépit des tentatives — je dirai même en dépit des promesses de réussite — d'unification, c'est une course plurielle qu'elle poursuit.

Une première erreur — puriste — serait de prendre prétexte de l'allure protéiforme de la recherche pragmatique pour en rejeter la pertinence en philosophie du langage. Une erreur symétrique serait d'identifier restrictivement la pragmatique à l'une de ses parties. Soit à la pragmatique du premier degré — étude des symboles indexicaux — parce qu'elle est la plus assurée en rigueur en même temps que la plus modeste en prétention, soit à la théorie des actes de langage parce que là seulement on touche d'emblée l'usage et l'action. Les enjeux de la pragmatique sont passionnants, mais les décisions méthodologiques n'en sont pas moins périlleuses.

Le champ problématique de la pragmatique est indéniablement parcouru par des tensions, sollicité par des tiraillements, animé par des controverses.

Tantôt l'on est sensible à l'insistance sur la prééminence de l'aspect formel, tantôt l'on rencontre un rappel au sol empirique soit du côté de la communication concrète soit du côté de la langue elle-même. Le cap est volontiers mis par les philosophes sur un transcendantal qui serait le plus précieux trésor dont la pragmatique puisse nous faire don. A moins qu'ils ne se mettent en quête, au long des marques linguistiques diverses, de la trace et de l'écho des intentions interlocutives.

Plusieurs pragmatiques ?

Faut-il l'avouer ?

Pas seulement plusieurs parties, ou plusieurs degrés : cela n'est rien ; ou plutôt cela relève de l'articulation normale d'une discipline en ses domaines et sous-domaines. Mais plusieurs méthodes, et surtout plusieurs définitions, plusieurs visions.

Il y a, cela fut dit, la pragmatique des logiciens qui est une pragmatique de la vérité. Quant aux philosophes, à l'instar de Descartes sur les mathématiques, ils veulent bâtir à partir d'elle « quelque chose de plus relevé ». Certains philosophes logiciens maintiennent sans désemparer à la fois le point de vue aléthique et extensionnel et les points de vue anthropologique ou transcendantal.

Il y a l'approche des linguistes, plus réticente, qui multiplie les précautions, effrayée de cette transgression au postulat d'immanence, de ce passage à l'analyse des « grandes unités », de ce retour au concret après les abstractions fondatrices. Pour eux souvent la poursuite de l'universel hors des langues particulières est un leurre.

Il y a la pragmatique des néo-rhétoriciens qui s'ébattent comme loutres en rivière parmi les maximes conversationnelles et traquent dans leur richesse et dans leur variété les plus minimes procédés insinuatifs enrôlés au service de la persuasion.

Il y a enfin la pragmatique des psychosociologues et des psychothérapeutes, ravis de ce qu'acte soit pris de la vocation du langage non seulement à exprimer mais à agir, à « agir » le pouvoir et le désir plutôt que l'inféodation à la triste et nue vérité.

Comme en peinture, certains, pourrait-on dire, sont les hommes de la forme, de la plastique, de la vérité des volumes et des pesanteurs, d'autres les hommes du coloris, de l'émotion et de l'arabesque. Florence et Venise, ou Byzance. Le mot de Frege, parlant de la « coloration » de la pensée, touchait juste.

Plusieurs pragmatiques ?

Pourquoi pas ?

Mais c'est compter sans l'esprit de théorie qui toujours unifie. Et la pragmatique exerce déjà un pouvoir intégrateur avant d'avoir acquis son unification interne. Elle appréhende l'élément formel de la connaissance et de la croyance. Elle met en lumière les stratégies *a priori* qui régissent toute controverse, toute discussion ou tout dialogue, où s'opère, selon F. Jacques, « la recherche concertée des fondements de la connaissance ». En elle se voient ajustés le pratique et le théorique puisque la démarche vers la vérité est liée au mouvement de la communication droite du sens.

# BIBLIOGRAPHIE
## (en français, sauf les ouvrages collectifs)

John L. Austin, Quand dire c'est faire (How to do things with words), Paris, Le Seuil, 1970.
Alain Berrendonner, Eléments de pragmatique linguistique, Paris, Minuit, 1981.
Gérard Delledalle, Théorie et pratique du signe, introduction à la sémiotique de Peirce, avec la collab. de Joëlle Réthoré, Paris, Payot, 1979.
Oswald Ducrot, Dire et ne pas dire, Paris, Hermann, 1972.
— Les échelles argumentatives, Paris, Minuit, 1980.
— Les mots du discours, Paris, Minuit, 1980.
Paul Gochet, Informatique et intelligence artificielle, Klincksieck (à paraître).
— La pragmatique de Montague, Klincksieck (à paraître).
Paul Gochet, La pragmatique de Montague, à paraître.
Gilles-Gaston Granger, Langages et épistémologie, Paris, Klincksieck, 1979.
Francis Jacques, Dialogiques. Recherches logiques sur le dialogue, Paris, PUF, 1979.
— Différence et subjectivité. Anthropologie d'un point de vue relationnel, Paris, Aubier-Montaigne, 1982.
— L'espace logique de l'interlocution, Dialogiques II, Paris, PUF, 1985.
Catherine Kerbrat-Orecchioni, L'énonciation de la subjectivité dans le langage, Paris, PUF, Lyon, 1980.
— L'implicite, Colin, 1986.
François Latraverse, La pragmatique, Bruxelles, Mardaga, 1987.
Michel Meyer, Langage, logique et argumentation, Hachette, 1982.
Jean-Claude Pariente, Le langage et l'individuel, Paris, Colin, 1973.
François Recanati, La transparence et l'énonciation. Pour introduire à la pragmatique, Paris, Le Seuil, 1979.
— Les énoncés performatifs. Contribution à la pragmatique, Paris, Minuit, 1981.
John R. Searle, Les actes de discours (Speech Acts), trad. par Hélène Pauchard, Paris, Hermann, 1972. Sens et expression (Expression and Meaning), trad. par Joëlle Proust, éd. Minuit, 1982.
Tzvetan Todorov, Mihhaïl Bakhtine, le principe dialogique, Paris, Le Seuil, 1981.
Daniel Vanderveken, Les actes de discours, Bruxelles, Mardaga, 1988.
Ludwig Wittgenstein, Les investigations philosophiques, Paris, Gallimard, 1961.

OUVRAGES COLLECTIFS

Paul Amselek éd., Théorie des actes de langage, éthique et droit, PUF, 1986.
Yehoshua Bar-Hillel éd., Pragmatics of natural Languages, Dordrecht, Reidel, 1971.
J. Cosnier, N. Gelas et C. Kerbrat-Orecchioni, Echanges sur la conversation, CNRS, 1988.

Asa Kasher éd., Language in Focus : Foundations, Methods and Systems, Dordrecht, Reidel, 1976.

Hermann Parret, Leo Apostel, Paul Gochet et alii, Le langage en contexte, Amsterdam, John Benjamins, 1980.

John R. Searle, Ferenc Kiefer et Manfred Bierwisch, Speech Acts Theory and Pragmatics, Dordrecht, Reidel, 1980.

Hermann Parret et Jacques Bouveresse éd., Meaning and Understanding, Berlin, New York, De Gruyter, 1981.

Hermann Parret, Marina Sbisa, Jef Verschueren éd., Possibilities and Limitations of Pragmatics, Amsterdam, Benjamins, 1981.

Marcelo Dascal éd., Dialogue. An interdisciplinary Approach, Amsterdam, Benjamins, 1983.

John Searle et D. Vanderveken, Foundations of illocutionary Logic, Cambridge University Press, 1985.

### REVUES. NUMÉROS SPÉCIAUX AUTOUR DE LA PRAGMATIQUE

Article « La Pragmatique » in Encyclopedia Universalis, 2ᵉ éd., 1984, par F. Jacques.

Communications, « La conversation », nº 30, 1979 : « Les actes de discours », nº 32, 1980, Paris, Le Seuil.

Connexions, nº 47, « Intersubjectivités », Epi, 1986.

Degrés, « Langage et ex-communication », nºˢ 26-27 (1981) et 33 (1983), Bruxelles.

DRLAV : nº 25, « Dans le champ pragmatico-énonciatif », 1981 ; nº 26, « Parole multiple », 1982, nº 30, La ronde des sujets, 1984.

Langages, « La mise en discours », nº 70, juin 1983, Larousse.

Langue française, « La pragmatique », nº 42, mai 1979, Larousse.

Philosophica, nºˢ 27 et 28, « Pragmatique et Philosophie », Gand, 1981-1982.

Verbum, « L'interlocution », Trognon éd., VII, 2-3, 1984, et « La conversation », XII, 2-3, 1983.

## TABLE DES MATIÈRES

Imprimé en France
Imprimerie des Presses Universitaires de France
73, avenue Ronsard, 41100 Vendôme
Novembre 1993 — N° 39 757